LA HUELLA
DE
DIOS

EVIDENCIAS DE LA CREACIÓN
Y DEL DISEÑO INTELIGENTE

ANTONIO CRUZ

EDITORIAL CLIE
C/ Ferrocarril, 8
08232 VILADECAVALLS
(Barcelona) ESPAÑA
E-mail: clie@clie.es
http://www.clie.es

© 2025 por Antonio Cruz Suárez.

«Cualquier forma de reproducción, distribución, comunicación pública o transformación de esta obra solo puede ser realizada con la autorización de sus titulares, salvo excepción prevista por la ley. Diríjase a CEDRO (Centro Español de Derechos Reprográficos) si necesita fotocopiar o escanear algún fragmento de esta obra (www.conlicencia.com; 917 021 970 / 932 720 447)».

© 2025 por Editorial CLIE. Todos los derechos reservados.

LA HUELLA DE DIOS
Evidencias de la creación y del diseño inteligente
ISBN: 978-84-19779-76-2
Depósito legal: B 7838-2025
Teología cristiana - Apologética
REL067030

Impreso en Estados Unidos de América / *Printed in the United States of America*

25 26 27 28 29 30 31 32 33 34 / TRM / 14 13 12 11 10 9 8 7 6 5 4 3 2 1

Acerca del autor

Antonio Cruz Suárez nació en Úbeda, Jaén, España. Se licenció y doctoró en Ciencias Biológicas por la Universidad de Barcelona. Es Doctor en Ministerio por la "Theological University of America" de Cedar Rapids (Iowa, Estados Unidos). Ha sido Catedrático de Bachillerato en Ciencias Naturales y jefe del Seminario de Experimentales en varios centros docentes españoles de secundaria, durante una treintena de años. Ha recibido reconocimientos de la Universidad Nacional Autónoma de Honduras; Universidad Autónoma de Yucatán (México); Universidad Mariano Gálvez de Guatemala; Universidad Nacional de Trujillo (Perú); Facultad de Ciencias Biológicas de la Universidad Nacional Mayor de San Marcos, en Lima (Perú); Universidad Católica de Asunción (Facultad de Ciencias de la Salud de Asunción y Facultad de Ciencias Químicas, Campus Guairá, Paraguay) y Universidad San Carlos de Guatemala. Ganó durante dos años consecutivos (2004 y 2005) el "Gold Medallion Book Award" de la "Evangelical Christian Publishers Association" de los Estados Unidos, al mejor libro del año en español. Fue honrado con la Medalla del "Consell Evangèlic de Catalunya" correspondiente al año 2019. Es presidente fundador de la Sociedad de Apologistas Latinos (SAL) con sede en los Estados Unidos y profesor de apologética en la Facultad Internacional de Teología IBSTE de Castelldefels (Barcelona). Ha publicado una veintena de libros, más de mil artículos de carácter apologético en la web *www.protestantedigital.es* e impartido seminarios, conferencias y predicaciones en centenares de iglesias, universidades e instituciones religiosas de España, Canadá, Estados Unidos y toda Latinoamérica.

Índice

Prólogo	11
Introducción	13
1. El propósito de los paraguas	25
2. Un monarca meritorio y honesto	27
3. Ordeñando pulgones	31
4. Experiencias negativas	33
5. Balanzas de precisión animal	35
6. Las moscas y los perfumes	39
7. El lagarto tizón de Canarias	41
8. Los hongos saprófitos	43
9. Animales aposemáticos	45
10. ¿Luna o chorizo?	47
11. La Tierra es única en minerales	49
12. Un engranaje perfecto	51
13. Todo tiene su tiempo y su espacio	55
14. La lengua de los colibrís	57
15. Un motor molecular en las bacterias	61
16. Una partenogénesis del Espíritu	65
17. Los isópodos terrestres limpian el suelo	69

18. ¿Mienten los animales?	73
19. La orientación de las medusas	77
20. La brújula del petirrojo	81
21. La crueldad de los carnívoros	85
22. La puntería del pez arquero	89
23. La asimetría de los caracoles	93
24. Los pingüinos del norte	97
25. El pato mandarín: una impresora 3D de inyección	101
26. ¿Quién enseña al tejedor?	107
27. La inteligencia de los pulpos	109
28. La pulga de agua nos gana en genes	113
29. El pintor de hormigas	119
30. Los complejos cálculos del escorpión de arena	123
31. Los cuervos y la inteligencia animal	127
32. El pez del hielo	131
33. El salmón: un todoterreno acuático	133
34. El singular diseño del ornitorrinco	137
35. El mejor amigo	141
36. ¿Boca o ano?	145
37. Los GPS de las hormigas	149
38. Elevar el alma	153
39. El vuelo sincronizado de los estorninos	155
40. El cuello de las jirafas	159
41. El nervio laríngeo, ¿un mal diseño?	165
42. Insectos que parecen flores	169

ÍNDICE

43. El misterio de las algas diatomeas	171
44. El buen diseño de lo malo	175
45. Las agallas desmienten a Darwin	179
46. Los orificios nasales de los halcones	183
47. El óvulo elige al espermatozoide	185
48. El origen del lenguaje	189
49. La epigenética acabó con los genes egoístas de Dawkins	193
50. Una vida con propósito	195
51. El olfato del tiburón	197
52. La inteligencia de las células	199
Conclusión	203

Prólogo
Un master chef de Ciencia y Biblia

En mis años de estudiante de Medicina fue un reto iniciar el abordaje de la Anatomía, con los numerosos e intrincados nombres de huesos, músculos, nervios y arterias; así como las revueltas, encrucijadas y relaciones entre todos ellos para finalmente conformar esa maravillosa obra de arquitectura y funcionalidad que es el cuerpo humano.

Pero tuve la suerte de tener un profesor (el Dr. Rives, gaditano) que empezó su primera clase diciéndonos: "Hasta ahora, muchos enseñan la Anatomía en forma de una fría y seca chuleta. Yo les voy a deleitar con suculentas croquetas".

Y fue verdad. Era un gran dibujante (realizaba auténticas maravillas con tizas de colores, un adelanto de lo que luego fueron las imágenes y cortes tridimensionales). Nos contaba anécdotas, a veces llenas de humor. Incluso nos ayudó a aprender los músculos con poemas propios. Aún recuerdo uno de ellos:

Cuatro musculitos tiene niña
tu pantorrilla sural.
Los dos gemelos, el sóleo
y el 'delgaito' plantar.

¿Para qué, o por qué, les cuento todo esto? Porque Antonio Cruz consigue algo similar en sus artículos. Sin alejarse de sus profundos conocimientos científicos como doctor en Biología logra presentarlos de una forma asequible, amena, y llena de curiosidad con una mirada inquieta y renovadora.

Pero añadido a esto, como un master chef de la guía Michelín, introduce un ingrediente que le da un sabor que lo transforma todo: su cosmovisión bíblica. Una cosmovisión que razona, argumenta y entreteje con la evidencia científica. Esto le da un enorme valor añadido.

Sorprende (*El óvulo elige al espermatozoide*), nos intriga (*La pulga de agua nos gana en genes*) y nos aporta puntos de vista originales (*El pato mandarín: una impresora 3D de inyección*). Y en medio, nos va mostrando los últimos y a veces increíbles avances de la ciencia. Siempre apuntando y engarzando con todo ello a los valores y principios de la revelación que contiene la Palabra de Dios.

El valor de este libro es múltiple. Entretiene, forma e informa, es un arma apologética (excelente su defensa del Diseño Inteligente) y aporta recursos para predicaciones y enseñanzas. Toda una navaja suiza en un solo espacio: las letras negras sobre blanco que ocupan cerca de 190 páginas con sus 52 temas. Y con imágenes que acompañan todo el relato.

Todo lo dicho converge en el excelente título que han elegido para esta publicación: "La huella de Dios". Una huella presente y visible a la mirada de la ciencia y de la fe, que los ojos de Antonio Cruz han sabido leer para luego escribir de manera tan acertada y extraordinaria.

Para mí, ha sido un enorme disfrute la lectura de estos artículos del Dr. Cruz y estoy seguro de que lo será también para ti, ahora que lo tienes entre tus manos. ¡Felicidades por haberlo adquirido!

Pedro Tarquis
Médico, escritor y director de Areópago Protestante

Introducción

En uno de los últimos artículos del famoso genetista cristiano Francis Collins, titulado: "No al Diseño Inteligente, según Francis Collins"[1] se plantea la conocida opinión evolucionista teísta de su autor, acerca de los principales argumentos del Diseño inteligente (DI). Después de una breve introducción histórica, en el trabajo se afirma que el movimiento del DI se fundamenta básicamente en las siguientes tres propuestas:

1. *La evolución promueve una concepción atea del mundo y, por lo tanto, debe ser rechazada por los creyentes en Dios.*

Es lógico que esta afirmación sorprenda a muchos cristianos europeos que, desde los días del paleoantropólogo católico Pierre Teilhard de Chardin, sabemos que el evolucionismo teísta es compatible con el darwinismo y que su famoso "punto omega" sería supuestamente el nivel más elevado de la evolución de la consciencia. Según el jesuita francés, dicho punto crítico de maduración humana, que daría lugar a una "noosfera" o esfera pensante, culminaría precisamente con la parusía o segunda venida triunfante de Cristo. Dios pudo crear mediante el lento y gradual proceso propuesto por Darwin y las especies biológicas irían así perfeccionándose poco a poco hasta la aparición de la humanidad, y esta culminaría cuando el humano se pareciera o identificara plenamente con el Hijo de Dios. Por tanto, no es tan evidente que la evolución promueva necesariamente una visión atea del mundo. De hecho, esta postura del evolucionismo cristiano es precisamente la que sostiene Collins junto a otros científicos evangélicos y, por supuesto, la Iglesia Católica.

Sin embargo, en el mundo protestante angloparlante de Norteamérica las ideas "teilhardianas" del evolucionismo teísta no calaron tanto como en Europa y esto contribuyó a que el darwinismo se considerara más próximo al materialismo ateo. Si la naturaleza ha evolucionado a partir de la materia inerte y se ha hecho a sí misma, ¿qué necesidad hay de un creador? No obstante, el avance de la ciencia en casi todos los campos del saber apunta actualmente en la dirección de una elevada complejidad y sofisticada sabiduría detrás de todos los fenómenos naturales que difícilmente un proceso

---

[1] file:///Users/antoniocruz/Desktop/No%20al%20Diseño%20Inteligente,%20según%20Francis%20Collins%20«%20ATRIO.html.

al azar como las mutaciones y la selección natural podría lograr. Esto es algo innegable que constituye una poderosa evidencia en favor de un diseño. De ahí que hoy buena parte del mundo evangélico americano (también el hispano) simpatice más con el DI que con el evolucionismo teísta.

Quizás Collins tenga razón al decir que aunque el DI se presente como una teoría científica, no nació de la tradición científica. Pero, a la vez, es cierto que el evolucionismo teísta que él profesa tampoco nació de dicha tradición sino de un pensamiento filosófico-teológico ecléctico que pretendía armonizar el darwinismo con la fe cristiana. Precisamente por eso, Teilhard fue tan criticado por sus propios colegas científicos, así como por algunos teólogos católicos.

2. La evolución es fundamentalmente fallida, ya que no puede explicar la intrincada complejidad de la naturaleza.

En este apartado del artículo, Collins se refiere a los argumentos del biólogo Michael J. Behe, que es uno de los proponentes del DI y afirma que las funciones u órganos biológicos "irreductiblemente complejos" son incompatibles con la evolución. Se trataría de estructuras complicadas como el flagelo bacteriano, los cilios de algunas células, el ojo de los distintos animales y funciones tales como la coagulación de la sangre, etc., que tuvieron que funcionar bien desde el principio y no pudieron formarse mediante un lento proceso evolutivo al azar. Si, como sabemos, al faltarles cualquier pieza o molécula dejan inmediatamente de funcionar bien, ¿cómo pudieron formarse por agregación gradual de tales piezas? Resulta difícil creer, por ejemplo, que los más de doscientos componentes proteicos del flagelo bacteriano hayan evolucionado independientemente (por coevolución) para ensamblarse accidentalmente en un momento determinado. Collins se refiere también a otro defensor del DI, el matemático William A. Dembski, para quien la probabilidad matemática de un suceso semejante sería infinitamente pequeña.

De todo esto, Collins concluye que el principal argumento del Diseño inteligente es el de la "incredulidad". Sus partidarios no pueden creer que las mutaciones al azar y la selección natural hayan dado lugar a la maravillosa diversidad de tantos órganos y estructuras complejas como evidencia la vida en la biosfera. En cambio, por lo que parece, él si se lo cree a pies juntillas. Su argumento evolucionista es entonces el de la "credulidad" en el misterioso poder de la selección natural. Por tanto, en el fondo se trataría de una confrontación entre la creencia y la increencia. Un asunto de fe, al fin y al cabo.

Por lo que respecta a la tercera y última propuesta del DI, Collins la enuncia así:

3. *Si la evolución no puede explicar la complejidad irreductible, entonces debe de existir un diseñador inteligente involucrado de alguna manera, que entró para proporcionar los componentes necesarios durante el curso de la evolución.*

Aquí Collins se limita a sugerir que aunque la mayor parte de los partidarios del diseño creen que el diseñador fue Dios, son muy cuidadosos y no lo dicen. En mi opinión, no lo dicen porque en ese terreno la ciencia no tiene nada que decir. En todo caso, este sería el ámbito de la teología o de la filosofía, pero no el de la investigación científica. Y aquí es donde radica el problema de fondo. La fe ilimitada en la ciencia le lleva a pensar a algunos que esta logrará algún día explicar absolutamente todos los misterios del universo porque supuestamente todo tendría una explicación natural. Sin embargo, esta es una asunción indemostrable.

Si la naturaleza no se hubiera creado a sí misma por procesos materiales, sino que fuera el resultado de una o varias acciones milagrosas o sobrenaturales, entonces sería lógico que la ciencia se topara tarde o temprano con áreas incomprensibles que no se pudieran explicar mediante el método científico. El milagro sobrenatural carece por definición de explicación natural. ¿Cómo es posible que la nada absoluta e inmaterial dé lugar a todo el universo material? Se pueden proponer todas las hipótesis naturales que se quiera, pero, en definitiva, se trata de una dificultad ontológica insuperable. Pues bien, lo que afirma el DI es que la ciencia actual parece haber chocado ya con dichas áreas inexplicables, en lo que respecta a la creación del cosmos, el ajuste fino de las leyes naturales, la aparición de la vida en la Tierra, el origen de la información biológica, la existencia de las increíbles máquinas bioquímicas de las células, la epigenética, los sistemas cuánticos que permiten la orientación de los animales, el surgimiento de la conciencia humana, etc. Si esto fuera sí, estaríamos ante lo que Collins llama un "callejón sin salida" para la ciencia. Por eso el DI no gusta a tantos científicos porque la intervención de fuerzas sobrenaturales para explicar la complejidad biológica supuestamente detendría la ciencia.

A mi modo de ver, tal es la principal confrontación entre el evolucionismo teísta y el movimiento del DI. Unos creen que Dios solo actuó milagrosamente al principio, en el *big bang*, y después lo dejó todo en manos de las leyes evolutivas de la naturaleza, mientras que los otros, ante las numerosas lagunas de la evolución, creen que el Creador tuvo que intervenir en varios momentos o etapas cruciales. Veamos cuáles son las principales objeciones de Collins al DI.

Objeciones científicas de Collins al Diseño inteligente

1. El Diseño inteligente es un callejón sin salida para la ciencia.

Como la ciencia está casada con el naturalismo metodológico, principio que la limita a explicaciones exclusivamente materiales, aunque algunos científicos crean en Dios, suponen en sus trabajos que la naturaleza material es lo único que existe y, por tanto, solo pueden apelar a causas no inteligentes como el viento, la erosión, el clima, las mutaciones, la depredación y demás fuerzas naturales. Sin embargo, ¿cómo podríamos saber que el mundo es exclusivamente el resultado de tales causas naturales?

El naturalismo metodológico es una asunción previa no demostrada. ¿No sería lógico sospechar, por ejemplo, de un forense que inicia su investigación acerca de un homicidio diciendo que solo tendrá en cuenta causas exclusivamente naturales? La ciencia debería estar dispuesta también a considerar tanto las causas naturales como las inteligentes, para poder así sacar sus conclusiones a partir de las pruebas.

A veces se dice que la ciencia solo puede trabajar con cosas materiales observables, pero Dios no se puede ver. Es verdad, sin embargo, los científicos proponen habitualmente planteamientos teóricos no observables con el fin de explicar los fenómenos observables. El *Diseñador* que propone el DI es una fuente de información cuya actividad puede ser objeto de predicciones y de modelos matemáticos, como cualquier teoría física que se refiera a entidades no observables, como las supercuerdas, la materia oscura, la energía oscura o los universos múltiples. Puede que, como dice Collins, el DI sea un callejón sin salida para el naturalismo metodológico, pero no para la ciencia que busca la verdad.

Otros dicen también que la ciencia no puede apelar a un Diseñador sin explicar el origen del mismo. Pero esto es falso. La ciencia de la arqueología, por ejemplo, suele concluir habitualmente que un determinado objeto fue diseñado, aun cuando se desconozca el origen del diseñador. Si todas las explicaciones científicas exigieran tal condición, no se podría explicar nada.

2. El DI no es una teoría científica porque no hace predicciones.

Esto tampoco es cierto. Si Dios hubiese creado el mundo con sabiduría, sería lógico esperar encontrar finalidad e inteligencia en los seres creados. Por ejemplo, cuando desde el evolucionismo se empezó a hablar del supuesto "ADN basura" para hacer referencia al material genético inservible, los partidarios del DI dijeron que no era lógico que Dios fabricaba basura genética inútil. Esto constituyó una predicción que posteriormente fue corroborada. Hoy se sabe que la mayor parte de tales genes tienen funciones importantes en la célula.

El darwinismo predecía que muchos trozos del ADN no servían para nada porque no cumplían ninguna función conocida. Sin embargo el DI, por su parte, sugería más investigación para descubrir posibles funciones en dicho "ADN basura". En este sentido, el DI está más justificado que el darwinismo ya que garantiza la objetividad de la ciencia. No puede, por lo tanto, impedir el progreso de la misma.

El Diseño inteligente predice que debería haber estructuras en los seres vivos que no se pudieran explicar mediante los mecanismos fortuitos del darwinismo. Y, desde luego que las hay. Se trata precisamente de los órganos irreductiblemente complejos a que nos hemos referido antes.

3. *El DI no proporciona un mecanismo que explique cómo las intervenciones sobrenaturales dieron lugar a la complejidad.*

¿Cómo podría hacerse esto? Lo que Collins pide aquí es que los científicos partidarios del DI aporten el método que empleó el Creador para hacer el mundo con todos sus componentes. ¿Quién está capacitado para explicar los milagros sobrenaturales sino única y exclusivamente su propio autor?

4. *Se ha visto que muchos ejemplos de complejidad irreductible se pudieron originar por evolución.*

Collins cita en su artículo solo tres ejemplos de complejidad irreductible, de los señalados por Behe en su famoso libro *La caja negra de Darwin*, tales como la cascada de coagulación de la sangre humana, el ojo y el flagelo bacteriano. Del primero, afirma que pudo empezar como "un mecanismo muy sencillo que podría trabajar satisfactoriamente para un sistema hemodinámico de baja presión y bajo flujo, y que evolucionó durante un largo periodo de tiempo hasta convertirse en un complicado aparato, necesario para los humanos y otros mamíferos que tienen un sistema cardiovascular de alta presión, en el que las fugas se deben reparar rápidamente". Sin embargo, no explica paso a paso cómo pudo ocurrir semejante transformación, ni si existe algún tipo de evidencia de la misma. En realidad, lo que está diciendo es que la evolución "de alguna manera" hizo que un mecanismo muy sencillo de coagulación se convirtiera en otro mucho más complicado. No obstante, esto no constituye ninguna demostración científica porque, especulaciones aparte, como bien escribe Michael J. Behe a propósito de este asunto: "lo cierto es que nadie tiene la menor idea de cómo llegó a existir la cascada de coagulación".[2]

En cuanto al ojo de los animales, curiosamente Collins continúa apelando a la antigua opinión de Darwin quien, hace más de 160 años, sugirió que dicho órgano podía haber iniciado su evolución como un simple "nervio óptico, rodeado por células pigmentarias y cubierto por piel translúcida".[3] De ahí, gradualmente se habrían originado los ojos de las estrellas de mar, de artrópodos como los insectos, vertebrados como el anfioxo, peces, anfibios, reptiles, aves, mamíferos y el propio ojo humano. Darwin se basaba en el aspecto o la morfología de los distintos ojos de estos animales para construir su hipotética escala ascendente de complejidad. Sin embargo, imaginar historias evolutivas no es lo mismo que demostrarlas bioquímicamente.

En la actualidad, se sabe que la bioquímica de los diferentes ojos animales no va de la mano de su anatomía o aspecto físico. Es decir, cada paso o estructura anatómica que Darwin consideraba simple implica procesos bioquímicos increíblemente complejos que no se pueden evitar con retórica. Según la ciencia de la anatomía comparada, el desarrollo de la retina no es paralelo al supuesto desarrollo evolutivo de las distintas especies animales. Es más, hoy se sabe por ejemplo que la retina de los primates es más simple anatómica y funcionalmente que la retina de una rana o una paloma. Esto contradice por completo la hipótesis de Darwin. Por lo tanto, explicar el origen de fenómenos biológicos como la vista, la digestión o el sistema inmunitario, tiene necesariamente que incluir su explicación molecular o bioquímica. Y esta, generalmente, no respalda las historias evolutivas.

En este sentido, Behe escribe también: "ahora que hemos abierto la caja negra de la visión, ya no basta con que una explicación evolucionista de esa facultad tenga en cuenta la estructura *anatómica* del ojo, como hizo Darwin en el siglo diecinueve (y como hacen hoy los divulgadores de la evolución). Cada uno de los pasos y estructuras anatómicos que Darwin consideraba tan simples implican procesos bioquímicos abrumadoramente complejos que no se pueden eludir con retórica. Los metafóricos saltos darwinianos de elevación en elevación ahora se revelan, en muchos casos, como saltos enormes entre máquinas cuidadosamente diseñadas, distancias que necesitarían un helicóptero para recorrerlas en un viaje. La bioquímica presenta pues a Darwin un reto liliputiense".[4] Ese es precisamente el reto que el DI sigue señalando al darwinismo y que este no ha logrado todavía explicar convenientemente.

---

2   Behe, M. J. 1999, *La caja negra de Darwin*, Andrés Bello, Barcelona, p. 127.
3   Darwin, Ch. 1980, *El origen de las especies*, Edaf, Madrid, p. 197.
4   Behe, M. J. 1999, *La caja negra de Darwin*, Andrés Bello, Barcelona, p. 41.

Introducción

En cuanto al ejemplo más famoso de órgano irreductiblemente complejo propuesto por Behe, el flagelo bacteriano, Collins dice que se ha demostrado que varias proteínas que lo conforman existen también en otras especies de bacterias, en aparatos diferentes y con funciones distintas, tales como inyectar toxinas a otras bacterias a las que se desea atacar. Si esto es así, entonces el flagelo bacteriano no sería un órgano irreductible complejo –como asegura Behe– ya que sus proteínas pudieron tener otras funciones diferentes en otras bacterias a lo largo de la evolución. ¿Es esto cierto? ¿Tiene razón Collins?

La complejidad irreductible es fácil de entender comparándola con una trampa para cazar ratones. Las trampas comunes están compuestas de varias piezas: una base de madera, un trozo de alambre donde se inserta el queso, un muelle, una traba y un cepo o martillo. Para que la trampa funcione, es necesario que todas estas piezas estén presentes. Además, para atrapar ratones, todas las piezas tienen que estar dispuestas de una determinada manera. Si falla una de ellas, la trampa pierde su utilidad. Pues bien, es improbable que un sistema irreductiblemente complejo surja instantáneamente porque, como dijo Darwin, la evolución es un proceso lento y gradual. Darwin afirmó que la selección natural nunca puede realizar un salto súbito y grande, sino que debe avanzar mediante pasos cortos y seguros, aunque lentos. Un sistema irreductiblemente complejo no puede empezar a existir de pronto porque eso implicaría que la selección natural no es suficiente. Pero tampoco dicho sistema podría haber evolucionado mediante numerosas y sucesivas modificaciones ligeras porque cualquier sistema más simple no tendría todas las partes requeridas para funcionar bien y, por tanto, no serviría para nada y no tendría razón de ser. La propia selección natural lo eliminaría.

El polémico planteamiento de Behe es que los sistemas biológicos irreductiblemente complejos existen en la naturaleza y refutan al darwinismo. Su ejemplo más famoso es el flagelo bacteriano, una cola muy alargada que permite a algunas bacterias desplazarse velozmente en el medio acuoso. Ha sido llamado el motor más eficiente del universo ya que es capaz de girar a 100 000 revoluciones por minuto y cambiar de dirección en cuartos de vuelta. Como la trampa para ratones, el flagelo tiene varias partes que necesariamente se complementan para funcionar de manera coordinada. No hay explicaciones darwinistas detalladas ni graduales que den cuenta del surgimiento del flagelo de las bacterias ni de otros sistemas biológicos irreductiblemente complejos que se encuentran en la naturaleza. Sin embargo, sabemos que los seres inteligentes pueden producir tales sistemas. Una explicación más coherente de los mecanismos moleculares, como el flagelo bacteriano, es entenderlos como productos del diseño inteligente.

Las nuevas investigaciones a que se refiere Collins, acerca del papel de las proteínas auxiliares, no pueden simplificar la realidad del flagelo bacteriano como sistema irreductiblemente complejo. Un flagelo contiene más de doscientas clases de proteínas constitutivas, más otras cuarenta que le permiten funcionar bien. El hecho de que se haya descubierto que unas pocas de estas proteínas están también presentes en otras bacterias con otras funciones no anula el poderoso argumento bioquímico planteado por Behe. Su conclusión sigue siendo la misma: la teoría darwiniana no ha dado ninguna explicación científica de la evolución del flagelo y probablemente nunca pueda darla. Decir que algunas proteínas del flagelo bacteriano existían ya en otras bacterias y que, por tanto, la evolución "de alguna manera" pudo agruparlas para originar este órgano, no es ni mucho menos una demostración concluyente de que esto realmente haya ocurrido. Este tipo de transformación sigue enfrentando obstáculos bioquímicos colosales.

Objeciones teológicas de Collins al Diseño inteligente

Desde la perspectiva teológica, Francis Collins afirma en su artículo que el Diseño inteligente es una teoría del "dios tapagujeros" ya que apela a una intervención sobrenatural para aquellos misterios que la ciencia no ha logrado todavía explicar racionalmente. Es decir, que sería el poco conocimiento que se tiene de ciertos fenómenos lo que motiva a los partidarios del DI a recurrir a la acción divina. Sin embargo, en su opinión, esto sería muy peligroso y contribuiría a desacreditar la propia fe, pues cuando la ciencia avanza y logra explicar tales fenómenos, resulta que Dios ya no es necesario y se le relega.

Fue el gran teólogo alemán, Dietrich Bonhoeffer, quien acuñó el concepto del "dios tapagujeros", expresando muy bien su idea con estas palabras: "Veo de nuevo con toda claridad que no debemos utilizar a Dios como tapagujeros de nuestro conocimiento imperfecto. Porque entonces si los límites del conocimiento van retrocediendo cada vez más –lo cual objetivamente es inevitable–, Dios es desplazado continuamente junto con ellos y por consiguiente se halla en una constante retirada. Hemos de hallar a Dios en las cosas que conocemos y no en las que ignoramos. Dios quiere ser comprendido por nosotros en las cuestiones resueltas, y no en las que aún están por resolver. Esto es válido para la relación entre Dios y el conocimiento científico".[5] Ahora bien, según esta definición original del dios tapagujeros, cabe plantearse la siguiente cuestión: ¿comete el Diseño

---

5   http://usuaris.tinet.cat/fqi/bonho_sp.htm (Dietrich Bonhoeffer, 30 de mayo de 1944, *Cartas y documentos de la cárcel*, editados por Eberhard Bethge, traducidos al inglés por Reginald H. Fuller, Touchstone, 1997).

inteligente el error de apelar al dios tapagujeros con el fin de explicar las lagunas del conocimiento científico?

La respuesta a esta cuestión es negativa porque el diseño se deduce de aquello que se conoce muy bien y no de lo que aún se desconoce. En este sentido, sigue perfectamente el criterio de Bonhoeffer al detectar inteligencia en lo que conocemos y no en lo que ignoramos. No es que los investigadores vean diseño inteligente en ciertas estructuras naturales irreductiblemente complejas porque estas han sido poco estudiadas y sean prácticamente desconocidas por la ciencia. Es precisamente al revés. Aquello que motiva a muchos científicos a pensar en un diseño inteligente es el gran conocimiento que poseen de dichas estructuras o funciones. No es lo que no saben sino lo que sí saben.

Darwin y sus coetáneos, al observar una célula bajo sus rudimentarios microscopios, no podían pensar en el diseño real de la misma porque solo veían simples esferas de gelatina que rodeaban a un pequeño núcleo oscuro. Nada más. Pero es precisamente el elevado grado de información y sofisticación bioquímica en las estructuras celulares, descubierto por los potentes microscopios electrónicos modernos, lo que ha hecho posible la teoría del Diseño. No se está apelando a ningún dios de las brechas o tapagujeros. Lo que se propone es que la actividad inteligente puede ser detectada en la naturaleza, de la misma manera que lo es la de cualquier informático que diseña algún programa. Los sistemas biológicos manifiestan las huellas distintivas de los sistemas diseñados inteligentemente. Poseen características que, en cualquier otra área de la experiencia humana, activarían el reconocimiento de una causa inteligente.

Si el razonamiento que propone la teoría del Diseño se fundamentara en el dios tapagujeros, como afirma Collins, diría cosas como las siguientes: puesto que la selección natural de las mutaciones al azar es incapaz de producir nueva información biológica en el mundo, entonces debemos suponer que el Diseño inteligente es la causa de tal información. Sin embargo, no es esto lo que se afirma. Lo que se dice, más bien, es: como la selección natural y las mutaciones aleatorias no pueden producir nueva información, y nuestra experiencia es que solo los agentes inteligentes son capaces de hacerlo, debemos concluir que alguna inteligencia debe ser la causa de la sofisticada información que nos caracteriza a los seres vivos y al resto del universo. Por tanto, el Diseño inteligente es la mejor explicación y tal argumento no se basa en el dios tapagujeros sino en nuestra experiencia positiva de que la información siempre procede de la inteligencia. La deducción de diseño es una solución a la cuestión del origen de la información en el mundo.

Uno de los grandes problemas que tiene planteados actualmente el darwinismo es lo que los paleontólogos han llamado la explosión del Cámbrico. La aparición repentina, desde el punto de vista geológico, de los principales filos o tipos básicos de animales, ocurrida hace más de quinientos millones de años según la escala de tiempo evolucionista. Esto constituye una brusca discontinuidad en el registro fósil, que ya Darwin consideraba como una de las mayores objeciones contra su teoría de la selección natural gradualista. A pesar de que se han propuesto varias teorías alternativas para explicar semejante anomalía, en el sentido de intentar justificar una evolución mucho más rápida de lo que sería normal, lo cierto es que las hipótesis no convencen a todos y el enigma paleontológico perdura. ¿Cómo podría argumentarse la realidad de tal explosión cámbrica, desde el Diseño inteligente?

Si realmente la inteligencia tuvo algo que ver en esta aparición repentina de nuevos organismos sobre la faz de la tierra, estos deberían presentar características que serían exclusivas de una agencia inteligente. Detalles anatómicos, fisiológicos, bioquímicos y genéticos que únicamente hubieran podido originarse por medio de un plan de diseño previo y no como consecuencia de la casualidad natural. Propiedades propias de una actividad inteligente. ¿Se observan tales cualidades en los organismos cámbricos? Sí, por supuesto, hay numerosos órganos, estructuras y funciones que muestran información compleja y específica.

Lo que sea que haya dado lugar a los seres del Cámbrico tuvo que generar nuevas formas con rapidez, no siguiendo un lento proceso azaroso y gradualista desde lo simple a lo complejo. Hubo que construir complejas estructuras nuevas ya plenamente elaboradas y no solo modificar las preexistentes. Aparecieron repentinamente organismos que poseían complicados circuitos integrados equiparables a los de los actuales robots o computadoras electrónicas. Seres que disponían de una especie de información digital codificada en su ADN y, además, de otra información estructural complementaria que suele llamarse "epigenética". Es decir, toda una serie de factores químicos no genéticos que intervienen en el desarrollo de los organismos, desde la aparición del óvulo fecundado hasta la misma muerte, capaces de modificar la actividad de los genes, pero que no afectan a su naturaleza ni alteran la secuencia del ADN. Todo esto supone que aquellos "primitivos" organismos presentaban diversos niveles de información que funcionaba de forma jerárquica, organizada e integrada. Si todo esto es así, resulta posible sospechar que detrás de tal explosión del Cámbrico hubo una causa inteligente. Como resulta evidente, entre este razonamiento y el argumento del dios tapagujeros existe una enorme diferencia.

Cualquier animal fósil del Cámbrico, por pequeño que sea, evidencia en sí mismo un proyecto previo. No es el resultado simplista de la suma de sus partes sino todo lo contrario, un diseño global del todo que condiciona el montaje de los distintos componentes. Los proyectos se conciben generalmente antes de su materialización. Son ideas previas a los objetos materiales o a los seres vivos que determinan. Es posible que al visitar, por ejemplo, la sección de componentes de una planta de vehículos, no veamos ninguna evidencia concreta del proyecto previo. Pero si observamos el producto final de la cadena de montaje, notaremos de inmediato que, en efecto, existe un plan básico de diseño que le da sentido a todo. De la misma manera, la considerable complejidad y especificidad de los organismos vivos, así como la conexión y coordinación entre los distintos niveles de información que poseen, demandan un diseño que solo puede hacerse a partir de la inteligencia.

Cuando no existe en la naturaleza ningún mecanismo o fuerza capaz de explicar el origen de la complejidad de un determinado ser, entonces no queda más remedio que inferir racionalmente y de forma justificada que la causa de su aparición debió ser la inteligencia. Decir, por ejemplo, que algún fenómeno está más allá de la investigación científica puede ser también una afirmación científica. Y esto, insisto, no convierte la tesis del Diseño inteligente en un argumento del tipo del dios tapagujeros porque es la propia naturaleza quien nos ofrece múltiples evidencias que nos permiten deducir, en función de nuestra experiencia, que los organismos solo pueden proceder de una mente inteligente. Es lo que sabemos, y no aquello que desconocemos, lo que nos permite inferir diseño. De manera que la teoría del Diseño no contradice en absoluto el razonamiento de Bonhoeffer ya que no utiliza a Dios como tapagujeros.

La tesis del Diseño inteligente se muestra carente de prejuicios a la hora de buscar la mejor explicación científica. Si resulta que las causas naturales son la mejor explicación, entonces se apelará a ellas; pero si lo son las causas inteligentes, ningún principio filosófico debería prohibir su aceptación plena. Siempre habrá que buscar y respetar la mejor explicación posible. Nos parece que este es un método científicamente equilibrado.

Francis Collins concluye su artículo augurando la desaparición del movimiento del Diseño inteligente porque cree que la ciencia acabará explicando todas las lagunas que presenta actualmente la teoría de la evolución. Desde luego, es un acto de fe legítimo. Sin embargo, yo creo que esto no ocurrirá porque estamos asistiendo precisamente a todo lo contrario. Los problemas que plantean los últimos descubrimientos biológicos al evolucionismo son cada vez más numerosos y esto constituye un importante empuje para el DI.

En esta obra que el lector tiene en las manos hago referencia a medio centenar de ejemplos naturales que ilustran muy gráficamente la gran inteligencia que hay detrás. Son detalles que –como dijera el apóstol Pablo– hacen claramente visible, desde la creación del mundo, al Dios creador. Solo hay que tener ojos humildes para reconocerlo. Todas las fotografías las he tomado yo mismo, excepto aquellas otras que indican su procedencia. Es mi deseo que tales imágenes sean de bendición para todo posible lector.

Antonio Cruz
Terrassa, 16.11.2023

1
El propósito de los paraguas

Hasta los niños saben que el principal propósito del paraguas es proteger de la lluvia o de los calurosos rayos del sol. Se trata de un artilugio diseñado específicamente para tales finalidades. Su forma facilita que las gotas de agua resbalen por su superficie sin empapar a quien se cobija debajo. De la misma manera, en días muy soleados, crea una agradable sombra sobre las cabezas de los viandantes que facilita su desplazamiento bajo los ardientes rayos del sol. Aunque sombrillas y paraguas también pueden usarse para otras cosas, como bastones en los que apoyarse, accesorios de baile a lo Gene Kelly en *Cantando bajo la lluvia* o incluso planeadores aéreos como el de Mary Poppins en películas de ficción para niños, lo cierto es que tales útiles fueron pensados con la clara determinación de evitar las fuertes inclemencias del tiempo.

Hojas compuestas del árbol paraguas (*Schefflera actinophylla*) cuyo diseño facilita la eliminación del agua de lluvia.

Con los seres vivos ocurre algo parecido. También evidencian un plan y muestran una tendencia a la finalidad. Esto se aprecia bien en un árbol de origen australiano que se llama precisamente así "árbol paraguas". Se trata de la especie botánica *Schefflera actinophylla*, extendida por los jardines de medio mundo y que en algunos lugares se la considera como especie invasora. El nombre genérico se le puso en honor al botánico alemán del siglo XIX, Jacob Christian Scheffler, y el específico significa "con hojas radiantes". Puede alcanzar hasta 15 metros de altura y sus grandes hojas compuestas están perfectamente dispuestas para escurrir las gotas de agua de las frecuentes lluvias que se dan en las selvas australianas. Si no fuera así, el exceso de humedad sobre ellas facilitaría la proliferación de hongos y bacterias que pondrían en peligro la salud del árbol. Es, pues, un proyecto singular con un objetivo muy concreto: desprenderse del agua lo más rápidamente posible.

Si esto es así en la naturaleza, si cada especie parece pensada con un determinado propósito, ¿cuál es el nuestro? ¿Con qué intención fue creado el ser humano? ¿Cuál es el deseo del Creador para la vida de cada persona? ¿Estamos respondiendo eficazmente a ese diseño antrópico original? El apóstol Pablo escribió que, "antes de la fundación del mundo", Dios nos escogió en Cristo para "alabanza de la gloria de su gracia" (Ef 1:6). El propósito divino al crearnos fue, según el Nuevo Testamento, adoptarnos por medio de Jesucristo en el nuevo nacimiento para que formáramos parte de un pueblo especial. Un pueblo que le glorifica y alaba. Una iglesia que constituye el cuerpo de Cristo. Por tanto, el fin principal del ser humano es glorificar a Dios. Alabarle y adorarle siempre como las mayores aspiraciones de la vida, siendo iglesia o "la plenitud de Aquel que todo lo llena en todo" (Ef 1:22-23). Tal es nuestra finalidad principal.

2
Un monarca meritorio y honesto

Era una mañana soleada de mayo. Nos encontrábamos visitando el histórico e impresionante Jardín de Aclimatación de La Orotava, en la isla de Tenerife. Casualmente una bella mariposa monarca (*Danaus plexippus*) acababa de posarse sobre un racimo de florecillas de asclepia. Inmediatamente enfoqué la cámara para fotografiarla, a la vez que profería: "¡es una monarca!". Sin embargo, la voz que me respondió no fue la de mi esposa, que la tenía al lado, sino la de otra señora que también contemplaba la escena junto a nosotros. "¿Será este mejor monarca que el nuestro?", dijo con tono satírico y una amplia sonrisa de complicidad. Después de tomar algunas rápidas imágenes, antes de que el inesperado insecto se fuera volando, miré a la desconocida y le respondí: "Desde luego, la mariposa monarca tiene muchas cosas positivas que enseñarnos". Pero no quise entrar en más detalles acerca del comportamiento de algunos monarcas humanos. Algo que, por lo menos en este país, resulta obvio y es del dominio público.

Mariposa monarca (*Danaus plexippus*) alimentándose del néctar de flores de *Asclepias* en el Jardín de Aclimatación de La Orotava, Puerto de la Cruz (Tenerife).

En efecto, la conocida mariposa monarca constituye un ejemplo para nosotros en varios aspectos. Es mundialmente famosa por su increíble migración en masa desde Canadá a México, atravesando Estados Unidos. Cada otoño, antes de que empiece el frío, millones de ejemplares vuelan una distancia de casi 5000 kilómetros para congregarse en los bosques del centro de México donde pasan el invierno. Al comenzar la primavera, se aparean y después inician el vuelo de regreso al norte del continente americano. Finalizado semejante periplo, las hembras depositan los huevos bajo las hojas del algodoncillo. Una especie vegetal del género *Asclepias* abundante en Canadá. Durante el período estival, ahí tiene lugar toda la metamorfosis (huevo, larva u oruga, crisálida y adulto), hasta que en otoño progenitores y descendientes inician de nuevo su viaje hacia el sur. El Creador quiso disponer las cosas así y dotó de sofisticados instintos a los animales para que pudieran vivir en una biosfera tan variada como la de la Tierra. No fue la casualidad o el azar ciego sino la inteligencia y sabiduría infinita. De ahí que, todavía hoy, cueste entender los mecanismos físicos y químicos que operan en tales migraciones. La evidencia de que dispone hoy la ciencia indica previsión inteligente, no casualidad o azar evolutivo.

La mariposa monarca presenta un llamativo contraste de colores que advierte a posibles depredadores de su peligrosidad. Es un insecto venenoso para la mayoría de las aves ya que sus larvas u orugas se nutren de plantas cuya savia es tóxica, aunque a ellas no les perjudica. En cambio, si un pájaro se las come, las vomita de inmediato y así aprende para siempre a dejarlas en paz.

Los venenos no siempre son malos, a veces, como en el caso de la mariposa monarca, pueden salvar la vida. Como sus orugas se alimentan de hojas de asclepia, que contienen diversas toxinas o cardenólidos inofensivos para ellas, tales venenos pasan a los tejidos del animal y le confieren a este su conocida toxicidad. La monarca es venenosa para pájaros, reptiles, anfibios y otros posibles depredadores, por lo que tal ponzoña la defiende de semejantes enemigos. Así pues resulta que los venenos son unas de las sustancias más útiles de la naturaleza. Arañas, serpientes, avispas, escorpiones, hormigas, mariposas y hasta los ornitorrincos los usan para sobrevivir. Se trata de notables estructuras bioquímicas pensadas con una finalidad concreta. Auténticos bisturís moleculares capaces de diseccionar células y moléculas en poco tiempo. De hecho, como sabe bien la medicina, muchos de estos animales venenosos constituyen una importante fuente de remedios y medicamentos para el ser humano, tales como coagulantes, anticoagulantes, contra la hipertensión, diabetes, etc.

La gran capacidad de adaptación de la mariposa monarca queda demostrada por el hecho de que, a pesar de ser una especie autóctona de Norteamérica, ha podido saltar los grandes océanos y llegar a lugares tan alejados como España o Nueva Zelanda. En tales lares ha encontrado también el clima y el alimento necesarios para su supervivencia. Sin embargo, se ha indicado que la población original del continente americano está experimentado un notable descenso debido a la reducción del número de plantas que le sirven de alimento. Esto es consecuencia de la actividad humana, que ha incrementado de manera desmesurada la superficie de tierras para la agricultura.

También se ha descubierto que la presencia de mariposas en las ciudades es un buen indicador de la salud de los ecosistemas urbanos. Por ejemplo, durante el confinamiento impuesto por la pandemia en 2020, pudo observarse un aumento del 28% en el número de especies de lepidópteros en las ciudades.[6] Esto fue interpretado como consecuencia de un invierno y primavera lluviosos, así como de la interrupción de actividades humanas en parques y jardines. Por tanto, las mariposas constituyen auténticos biomarcadores de salud para las grandes ciudades.

¿Qué se puede aprender de estos bellos insectos? Varias cosas. La primera es que, como la inmensa mayoría de los seres vivos, responden bien a aquello para lo que fueron creados. No renuncian a su identidad sino que se comportan con arreglo a lo que son. Esto recuerda aquellas palabras del apóstol Pedro (1 P 3:9): *no devolviendo mal por mal, ni maldición por maldición, sino por el contrario, bendiciendo, sabiendo que fuisteis llamados para que heredaseis bendición.* La identidad cristiana es la bendición. Debemos bendecir porque somos herederos de bendición. Según este texto de Pedro

---

6   https://www.nationalgeographic.es/medio-ambiente/2022/02/las-mariposas-biomarcadores-de-salud-de-los-ecosistemas-urbanos

(1 P 3:8-12), el creyente fue creado para alabar a Dios en todo y una manera de hacerlo es siendo de un mismo sentir que sus hermanos. Esto no significa necesariamente ser de la misma opinión sino tener una misma actitud y propósito en la vida. Ser compasivos es procurar sentir lo que siente el otro. Mientras que la misericordia es etimológicamente poner el corazón (entendido aquí como sede de los sentimientos) en las miserias de los demás. Y, por último, la humildad cristiana, tan poco valorada en este mundo, constituye sin embargo la actitud del propio Señor Jesucristo, quien siempre se opuso al orgullo y la jactancia. Para esto fuimos creados los seguidores del Maestro y tal es nuestra identidad como herederos de bendición.

Las mariposas monarca ponen de manifiesto muy a las claras, mediante colores advertidores, aquello que son. Insectos no comestibles. Lo anuncian a los cuatro vientos para que todos los demás organismos lo sepan y actúen en consecuencia. ¡Qué gran ejemplo para los creyentes! Jesucristo dijo: *Nadie que enciende una luz la cubre con una vasija, ni la pone debajo de la cama, sino que la pone en un candelero para que los que entran vean la luz* (Lc 8:16). Jesús es la luz del mundo, mientras que sus seguidores estamos llamados a reflejar dicha luz, después de haberla interiorizado por medio de la fe. Debemos, por tanto, irradiar la luz del evangelio. La iglesia está llamada a ser como un candelero que alumbre a la sociedad y ponga de manifiesto las obras de la oscuridad, porque la Buena Nueva es ambivalente: anuncia, pero también denuncia, salva y a la vez condena, conforta y sin embargo confronta (2 Tm 3:16-17).

La bella mariposa monarca se adapta bien a las situaciones adversas incluso fuera de su territorio original. También Pablo le recuerda a Timoteo que "en los postreros días vendrán tiempos peligrosos" (2 Tm 3) y que para superarlos será menester persistir en las enseñanzas de las Sagradas Escrituras porque solo ellas pueden hacernos sabios para la salvación por la fe en Cristo Jesús. Finalmente, si en general las mariposas son buenos biomarcadores de salud, también la congregación de los creyentes debe serlo en medio de un mundo contaminado y enfermo de maldad. Ante semejante situación, todo cristiano está llamado a vivir como una de estas singulares mariposas y a ser semejantes a monarcas meritorios y honestos.

3
Ordeñando pulgones

La Biblia se refiere frecuentemente a los rebaños de ovejas, cabras y vacas, que eran cuidados por el hombre de la antigüedad, con el fin de obtener de ellos diversos productos. Estos animales domésticos proporcionaban leche, carne, lana y numerosos derivados. Los pastores llegaban incluso a arriesgar su propia vida por proteger a tales animales de posibles depredadores, como hacía el rey David cuando era un muchacho en el Antiguo Testamento. El mismo Señor Jesús se refirió también a este valeroso comportamiento, en el famoso ejemplo de la oveja perdida.

Sin embargo, el ser humano no es el único que descubrió la ganadería o el oficio de cuidar animales con la finalidad de beneficiarse de ellos. En la creación diseñada por el Altísimo, hay también otros diminutos animalitos que vienen haciendo lo mismo desde la más remota antigüedad. La naturaleza continúa siendo como un gran maestro para nosotros que, tal como señaló el apóstol Pablo, nos permite visualizar al Invisible (Rm 1:20).

Hace unos días, tomé esta imagen que muestra la singular relación de mutualismo que se da entre dos especies de insectos muy distintas. Se trata de un grupo de hormigas y otro de pulgones, escondidos bajo capullos de zarzamora (*Rubus ulmifolius*). Las primeras "ordeñan" al pequeño rebaño de pulgones verdes y lo protegen de depredadores como las mariquitas que podrían comérselos vivos. Se me antoja que estas minúsculas hormigas son como el David pastor de la Escritura, lanzando certeras piedras con su honda para proteger al rebaño. Por su parte, los pulgones excretan una ligamaza rica en carbono que nutre y satisface a las hormigas. En la actual naturaleza no todo es tan malo, también abundan las relaciones ecológicas positivas o de colaboración entre especies diferentes. A pesar del mal existente, la creación sigue alabando a Dios y evidenciando su infinita inteligencia.

4
Experiencias negativas

Las orugas de la mariposa nocturna "esfinge de las lechetreznas" (*Hyles euphorbiae*) –como estas que descubrí ayer en la Serra de l'Obac– se alimentan de plantas venenosas del género *Euforbia*. El látex blanco de tales plantas es muy tóxico por lo que las orugas también lo son. Por tanto, los vivos colores que muestran estas larvas se interpretan como advertencia cromática (coloración aposemática) para posibles aves u otros depredadores. Si algún pájaro joven e inexperto intenta tragárselas, pronto las vomitará y recordará siempre la lección. ¡Las experiencias negativas también educan! Con razón dijo el salmista, refiriéndose a Dios: "con castigos por el pecado corriges al hombre" (Sal 39:11).

Orugas de la mariposa nocturna "esfinge de las lechetreznas" (*Hyles euphorbiae*) alimentándose de las hojas de una euforbia.

Mariposa nocturna "esfinge de las lechetreznas" (*Hyles euphorbiae*) (Foto: Wikipedia)

5
Balanzas de precisión animal

Los tricópteros o frigáneas constituyen un orden de pequeños insectos voladores, llamados así por tener diminutos pelos en las alas (*trichos* significa "pelo" en griego y *pteron* es "ala"). Sin embargo, lo más característico de estos artrópodos es su fase larvaria o estadio juvenil. En esta etapa de la vida son acuáticos y se dedican a recubrir su delicado cuerpo mediante pequeñas piedras y otros objetos menudos que encuentran en el lecho fluvial, con el fin de protegerse de los depredadores. Mediante una glándula especial que poseen junto a la boca, segregan una seda con la que construyen meticulosamente un estuche en forma de tubo, que sirve para distinguir a las diferentes especies.

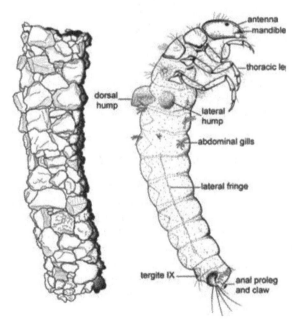

Dibujo del estuche protector, formado por pequeñas piedras adheridas, y de la larva acuática de un tricóptero que se introduce en su interior (https://cienciaybiologia.com/orden-trichoptera-tricopteros-o-friganeas/?cn-reloaded=1).

Una de las famosas guías de campo de insectos, de la editorial Omega, se refiere a esta tarea de los tricópteros como: "la maravillosa manera que tienen de cementar entre sí los granos de arena y los demás fragmentos para formar un mosaico. A medida que la larva crece, añade más material a la extremidad anterior de su estuche y a menudo quita trozos del extremo posterior".[7] Estos estuches están abiertos por los dos lados para permitir la circulación de agua y el aporte de oxígeno, que la larva extraerá por medio de sus plumosas branquias.

Tubo protector o "canutillo" de una larva acuática de tricóptero, formado por un mosaico de piedrecitas que encajan perfectamente. Imagen tomada a la orilla de un arroyo próximo a València d'Àneu, Lleida, Pirineo catalán.

¿Por qué quitan y ponen piedras constantemente?

La larva va aumentando poco a poco de tamaño y esto requiere agrandar el tubo protector. Pero existe otra razón que no había sido descubierta hasta ahora. Estas minúsculas construcciones deben reposar horizontalmente sobre el fondo de arroyos y ríos de montaña para garantizar la supervivencia de la larva. Si las piedras no estuvieran convenientemente colocadas y un extremo pesara más que el otro, el tubo no reposaría horizontalmente sino inclinado o vertical. Esto pondría en peligro la vida de la larva ya que el nivel de los arroyos y torrentes oscila sin cesar. Si el tubo sobresaliera del agua, por pesar más en un extremo que en el otro, esta no podría respirar

---

7   Chinery, M. 1977, *Guía de campo de los insectos de España y de Europa*, Omega, Barcelona, p. 222.

y moriría. De ahí la importancia de equilibrar adecuadamente el peso de ambos extremos ya que en ello les va la vida.[8] Esto ha sorprendido a los zoólogos que lo han estudiado –todos de la Universidad de Granada (España)– por sus evidentes implicaciones.

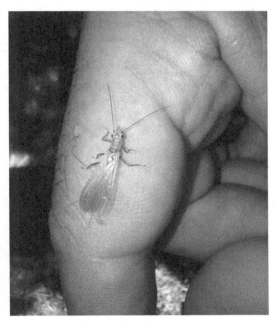

Ejemplar adulto de tricóptero, que casualmente se posó en mi mano cuando fotografiaba canutillos de las fases larvarias.

¿Cómo puede una pequeña larva de insecto, de poco más de un centímetro de longitud, reequilibrar constantemente el peso exacto de las dos mitades de su tubo protector? ¿Quién la ha convertido en una experta arquitecta capaz de construir canutillos matemáticamente perfectos? ¿Cómo calcula el peso adecuado de cada piedrecita sin tener a mano ninguna balanza de precisión? ¿Por qué acierta al elegir el tamaño y la forma correcta para que encajen entre sí las distintas piezas del mosaico? Los autores de este minucioso trabajo confiesan que "no dejan de sorprenderse de la maestría de la naturaleza" y finalmente concluyen que "la evolución ha seleccionado a

8 https://secretariageneral.ugr.es/pages/tablon/*/noticias-canal-ugr/unos-insectos-acuaticos-arquitectos-construyen-perfectos-refugios-de-piedrecitas-cuyas-dos-mitades-equilibran-como-estrategia-de-supervivencia?lang=en#.YtKSIC8lN-U.

los que construyeron de forma adecuada" ya que "en ello les va la supervivencia de la especie".

No obstante, en mi opinión, este mecanismo biológico requiere una inteligencia previa que lo haya diseñado así. Hablar aquí vagamente de la "sabiduría de la naturaleza" o de la selección natural sin propósito que eliminó a las especies que suspendían en matemáticas, no me parece una respuesta adecuada ni satisfactoria. Más bien intuyo que un creador inteligente lo planificó todo con sabiduría y amor infinito. Es evidente que hay cambio y adaptación en la naturaleza –no niego ciertos procesos restringidos de evolución–, pero el puro azar es incapaz de crear tanta información sofisticada.

6
Las moscas y los perfumes

No todas las moscas buscan la basura para nutrirse de los restos orgánicos que contiene. Algunas prefieren el aroma de las flores (como esta que fotografié en la montaña) y consumen el néctar que ellas les ofrecen, contribuyendo así a la polinización de las plantas. Al haber más especies de moscas (unas 160 000) que de abejas, son más eficientes que ellas en la fecundación de las plantas. A veces pueden resultar molestas, pero, en general, las moscas son una bendición para la biosfera. Sin el reciclaje constante de materia orgánica que realizan, la vida en la Tierra sería imposible. El equilibrio ecológico depende de ellas –aunque nos resulten desagradables– ya que así lo dispuso el gran diseñador.

También el pueblo de Israel veía las moscas con desprecio y como algo muy negativo, igual que nosotros hoy, y en uno de los antiguos proverbios del libro de Eclesiastés, se puede leer: "Las moscas muertas hacen heder y dar mal olor al perfume del perfumista; así una pequeña locura, al que es estimado como sabio y honorable" (Ec 10:1). Siempre existe relación entre la causa y el efecto que esta produce. Igual que las moscas muertas, caídas sobre un buen perfume, lo estropean al pudrirse y corromper su fragancia, también la necedad y la torpeza eventual afecta negativamente a la sabiduría y a la honra personal. De ahí la constante necesidad que tenemos de pensar siempre bien nuestras palabras y acciones.

7
El lagarto tizón de Canarias

El lagarto tizón (*Gallotia galloti*) solamente vive en las islas e islotes de Tenerife y La Palma (Islas Canarias). Es, por tanto, un endemismo de las islas occidentales de este archipiélago español. Actualmente no está en peligro de extinción, aunque como se alimenta de plantas e insectos y siente una gran predilección por las uvas, se le ha perseguido bastante. También las ratas y los gatos, introducidos por el ser humano en estas islas, constituyen depredadores que los cazan, mermando así su población. De manera que conviene seguir protegiéndolos.

El lagarto tizón de Canarias tiene la cabeza negra.

A pesar de su pequeño tamaño de casi un palmo de longitud, la oscura cabeza de los machos les confiere un aspecto amenazador, acentuado por sus ágiles ojos siempre vigilantes. Sin embargo, es absolutamente inofensivo para el hombre y constituye una especie muy útil en el complejo entramado de su ecosistema. A pesar del mal en este mundo, las sabias huellas del Altísimo pueden todavía rastrearse en seres tan minúsculos y perfectos como este oscuro lagarto canario.

La realidad del mal en el presente mundo no demuestra que Dios no exista. Él puede tener sus razones para permitirlo, que nosotros podemos perfectamente desconocer. No obstante, el creyente abriga la esperanza de que alguna vez lo comprenderá todo. Sin embargo, ¿qué le queda al incrédulo? ¿La ignorancia eterna? ¿El vacío de la nada? No puedo creer que todo este maravilloso universo haya surgido de una misteriosa nada que –no se sabe cómo– lo hizo todo.

8
Los hongos saprófitos

Las setas y demás hongos que se desarrollan sobre materia orgánica inerte, como puede ser el tronco de un árbol muerto, reciben el nombre de "saprófitos" (del griego σαπρος, *saprós*, "podrido" y φυτος *fitos*, "planta"). Como todos los hongos, obtienen los nutrientes y la energía que necesitan para vivir de la materia muerta y no directamente de la luz solar como las plantas verdes. Primero, liberan en ella ciertas enzimas que hacen soluble la madera, o el material que colonizan, para después absorber los productos alimenticios resultantes. Algo parecido a una digestión externa. De manera que la muerte de unos seres supone la vida de otros. Podría decirse que los hongos saprófitos convierten la muerte en vida y contribuyen a reciclar la materia orgánica de la biosfera.

Al descubrir esta blanca seta de la imagen, en el tronco muerto de un árbol que todavía se mantiene erguido, en el patio del IBSTE de Castelldefels, me vinieron a la mente las palabras de Jesús: "El que oye mi palabra, y cree al que me envió, tiene vida eterna; y no vendrá a condenación, mas ha pasado de muerte a vida" (Jn 5:24). La muerte física del creyente es en realidad el nacimiento a la verdadera vida. Somos como estos pequeños organismos capaces de resurgir desde las entrañas de la muerte a una vida definitiva. Abrigamos la esperanza de que Jesucristo destruya a ese postrer enemigo nuestro, llamado "muerte" (1 Co 15:26), de la misma manera que lo hizo mediante su milagrosa resurrección.

9
Animales aposemáticos

Chinche del suelo (*Graphosoma lineatum italicum*) sobre flores de hinojo.

El "aposematismo" en el reino animal es un fenómeno muy curioso que consiste en que ciertos organismos presentan coloraciones vistosas, cuya finalidad es alejar a los posibles depredadores. Etimológicamente, esta palabra deriva de dos raíces griegas: *apo*, que significa "lejos" o "aparte"; y *sema*, que es "señal". Se trata, por tanto, del uso o la utilización de señales de advertencia. Generalmente se da en especies animales que tienen medios defensivos poderosos, como venenos, aguijones tóxicos, sabor u olor desagradables, etc. Insectos como el curioso hemíptero de la imagen (*Graphosoma lineatum italicum*), avispas y avispones, ranas, serpientes, mofetas, etc., avisan de esta manera con el fin de que no se les moleste.

Para que tales señales advertidoras resulten efectivas, tienen que ser bien reconocidas por los posibles atacantes. En ocasiones, tal reconocimiento viene de experiencias negativas sufridas por el depredador en algún momento de su vida. Si un pájaro joven e inmaduro se traga, por ejemplo, a una de estas chinches rojas con rayas negras, pronto la vomitará al comprobar su desagradable sabor y esto lo recordará para siempre. Sin embargo, en la mayoría de los casos, este conocimiento de la peligrosidad es instintivo y, por tanto, heredado. ¿Cómo pudo originarse por primera vez en tales especies semejante capacidad teleológica, o con una finalidad tan concreta, implantada en la información de su ADN? El azar de las mutaciones seleccionadas por el ambiente es la respuesta que habitualmente se ofrece. Sin embargo, la reciente disciplina de la epigenética (o influencia directa del medio ambiente en la expresión de los genes) sugiere más bien que detrás de todo esto debió haber una fuente de información complejísima, que poco tuvo que ver con el azar o la casualidad.

10
¿Luna o chorizo?

El pasado 11 de agosto de 2022 tomé estas imágenes de la Luna llena. ¡Prometo por mi honor que no son rodajas de chorizo, como aquella foto que recientemente publicó en las redes sociales el científico y filósofo francés Etienne Klein! Este hombre engañó a muchos haciéndoles creer que el trozo de embutido era la estrella Próxima Centauri, la más cercana a nosotros, que había sido fotografiada por el moderno telescopio espacial James Webb. Más tarde, ante la avalancha de *tuits*, tuvo que disculparse públicamente por su broma, de la que no obstante sacó una moraleja. Dijo que las personas, cuando tienen deseos de saber, se dejan llevar por prejuicios cognitivos.

Bromas aparte, estas imágenes de la Luna me hacen pensar en la importancia de nuestro satélite para la vida en el planeta azul. Si no fuera por este estéril satélite, nuestra vida en la Tierra sería imposible. La Luna estabiliza la oscilación del eje de la Tierra. Sin su existencia, las variaciones de temperatura en el planeta serían insoportables. El hielo de los polos terrestres no habría podido conservarse. No habría mareas tan adecuadas para la biosfera. En fin, la relación Tierra-Luna hace posible nuestra existencia. Creo que todo esto no es por un acontecimiento fortuito sino todo lo contrario, se debe a un sabio ejercicio de planificación.

11
La Tierra es única en minerales

Algo que también parece especial y único de nuestro planeta azul es la gran diversidad de minerales que contiene en comparación con otros planetas. Desde hace casi una década, el geólogo norteamericano Robert Hazen, junto a otros colegas del Instituto Carnagie, con sede central en Washington, vienen publicando artículos sobre este asunto,[9] señalando que la abundancia mineral –los casi 5000 tipos de minerales existentes en la Tierra– puede ser única en el cosmos. Se cree que cuando se formó el sistema solar solo había una docena de minerales, sin embargo, actualmente existen alrededor de cinco mil tipos diferentes. ¿Cómo pudo originarse tal diversidad?

El cuarzo no es solo un mineral terrestre formador de rocas sino que también cristaliza formando gemas, geodas o piedras ornamentales, como esta amatista de la imagen, de fórmula química SiO_2 y dureza 7, muy conocida desde la antigüedad.

Desde una perspectiva evolucionista, los autores sugieren que tal abundancia mineral puede estar vinculada directa o indirectamente a la actividad biológica terrestre. Es decir, que podrían ser el producto de la acción

---

[9] Hazen, R. et al., 2015, Statistical analysis of mineral diversity and distribution: Earth's mineralogy is unique, *Earth and Planetary Sciences Letters*, 426; DOI:10.1016/j.epsl.2015.06.028

microbiana. Se especula que quizás primero aparecieron las bacterias, junto a otros posibles organismos unicelulares, y después, habrían surgido los distintos minerales como consecuencia de los productos elaborados por tales microbios. Estos autores vinculan así la evolución biológica con otra supuesta evolución geológica, trasladando al mundo inorgánico de los minerales los conceptos clásicos de selección natural y mutaciones aleatorias, típicos de los seres vivos. (¿Cómo podrían mutar los minerales, si carecen de ADN? ¿Cómo actuaría sobre ellos la selección natural, si no se reproducen?). Finalmente, llegan a la conclusión de que cualquiera de tales evoluciones, la inorgánica y la orgánica, fueron absolutamente al azar y que –tal como sugirió el paleontólogo Stephen Jay Gould– si se rebobinara la película evolutiva hacia atrás y se empezara de nuevo, posiblemente los minerales y los organismos vivos del planeta serían completamente diferentes a los actuales. De ahí que Hazen y su equipo crean que esta gran diversidad de minerales es única y exclusiva de la Tierra.

No obstante, desde la perspectiva del diseño y la creencia en un Dios que hizo todas las cosas con sabiduría infinita, se puede llegar también a la misma conclusión –que la abundancia de minerales de nuestro planeta es única en el cosmos–, pero por medio de argumentos muy diferentes. En efecto, resulta intrigante que la vida en la Tierra dependa de una distribución de minerales que no estuvo pensada en ningún momento para sustentarla. Es asombroso que todos los elementos químicos y los minerales vitales se encuentren cerca de la superficie terrestre, allí donde los requieren los organismos. Quizás no sea tan sorprendente encontrar elementos abundantes como el carbono, hidrógeno, nitrógeno u oxígeno, pero los seres vivos necesitan también otros que no son tan abundantes, como el magnesio, calcio, selenio, azufre, fósforo, potasio, cloro, etc. Y estos también se hallan en los minerales de la superficie de la litosfera, como si alguien los hubiera creado pensado en los seres vivos. ¿Cómo se crean los minerales?

La tectónica de placas de la Tierra construye continentes y forma depósitos de minerales cruciales para la vida y la civilización humana. Esto ocurre porque el calor del núcleo terrestre se traslada al manto y genera corrientes de convección que forman y mueven continuamente los continentes. En determinadas fases y ambientes de dichos procesos naturales se generan los minerales imprescindibles para la vida. En este proceso hay infinidad de variables precisas y necesarias para que todo funcione adecuadamente. Es difícil creer que esto se deba a la casualidad o que no exista un diseño previo e intencionado.

12
Un engranaje perfecto

Se cree que el ser humano inventó la rueda hace alrededor de 6000 años en Mesopotamia, al comprobar que los troncos de los árboles resultaban útiles para trasladar objetos de mucho peso. Más tarde, a la rueda se le diseñaron unos pequeños dientes y así surgieron los primeros engranajes, pero no se sabe a ciencia cierta dónde ni cuándo aparecieron. Las antiguas tradiciones de Damasco, Grecia, Turquía y China se refieren ya a tales ruedas dentadas, pero no proporcionan muchos detalles de su origen. Es evidente que cuando se observa un engranaje moderno en funcionamiento, nadie pone en duda que se trata del producto de un diseño humano.

Engranaje de un antiguo reloj de bolsillo. La rueda mayor se denomina "corona" y la menor "piñón". La función del engranaje es transmitir movimiento circular mediante el contacto de ruedas dentadas.

Pues bien, resulta que en el cuerpo de ciertos animales ya había engranajes que funcionaban a la perfección, mucho antes de que el ser humano los diseñara por primera vez. En septiembre del 2013, dos biólogos del Reino Unido, Malcolm Burrows y Gregory Sutton, publicaron un artículo en la revista *Science* en el que se informaba de dicho hallazgo.[10] Las ninfas de un pequeño insecto hemíptero no volador de la familia de los Ísidos (*Issus coleoptratus*) poseen dichos engranajes funcionales en la base de sus dos patas traseras. Al parecer, usan estas estructuras para saltar a gran distancia cuando se sienten amenazadas. Los dientes de ambas patas se unen entre sí para convertir en un instante (aproximadamente unos 30 microsegundos) el movimiento circular en propulsor del salto y conseguir que las dos patas traseras se muevan a la misma velocidad angular, evitando desplazamientos laterales del animal. De manera que el insecto puede saltar con gran precisión y velocidad en una dirección. Sin embargo, estos engranajes desaparecen con la última muda y no están presentes en los adultos ya que estos desarrollan otras técnicas de salto. Los insectos maduros sincronizan sus patas por fricción como hacen las cigarras y otras especies. Tal detalle supone también una evidencia de previsión ya que si un diente cualquiera de estos engranajes se rompiera en un adulto –cosa que podría suceder fácilmente– ya no habría manera de repararlo y el animal se vería seriamente afectado.

Ninfa o insecto inmaduro de la especie Issus coleoptratus.
https://www.smithsonianmag.com/science-nature/
this-insect-has-the-only-mechanical-gears-ever-found-in-nature-6480908/

---

10 Burrows, M. & Sutton, G. 2013, *Interacting Gears Synchronize Propulsive Leg Movements in a Jumping Insect*, Science, Vol. 341, Issue 6151, pp. 1254-1256, DOI: 10.1126/science.1240284.

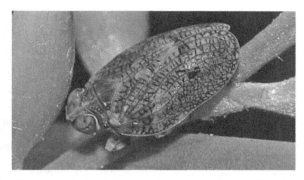

Ejemplar adulto de Issus coleoptratus, insecto hemíptero abundante en Europa.
https://en.wikipedia.org/wiki/Issus_coleoptratus

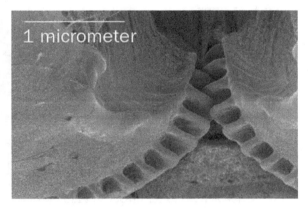

Ruedas dentadas o engranajes en la base de las patas traseras del *Issus coleoptratus* (Imagen de microscopia electrónica de barrido, cortesía de Malcolm Burrows).

Detalle de los engranajes de *Issus coleoptratus*.

¿Cómo se explica desde el evolucionismo este evidente parecido entre tales engranajes naturales y los realizados por el hombre? La mayoría de los defensores del darwinismo cree que estos sistemas, a pesar de exhibir patrones claros de ingeniería, no mostrarían un diseño inteligente real sino que solo responderían a la suma del azar y la selección natural. La evolución ciega y aleatoria sería supuestamente su único ingeniero diseñador. Una pretendida carrera evolutiva por saltar más lejos habría dado lugar a este curioso "diseño" (que no sería diseño). Otros, incluso llegan a decir que ver semejanzas entre unos y otros engranajes es como cuando los niños ven nubes que parecen conejos. Un objeto físico que nada tendría que ver con el animal. ¿Cómo es posible afirmar tales cosas y negarse a reconocer la realidad? ¿Hasta qué punto la creencia en una teoría puede afectar a la psicología humana?

El autor estadounidense Michael B. Shermer, evolucionista fundador de la *Skeptics Society* y editor de su revista oficial, *Skeptic,* escribe en uno de sus libros que la evolución ha predispuesto al ser humano para que vea diseño donde no lo hay.[11] Su razonamiento es el siguiente: resulta que percibir diseño en la naturaleza sería el producto de un cerebro adaptado para encontrar dichos patrones naturales. Buscamos diseño porque estaríamos programados para ello ya que esto nos permitiría descubrir orden en vez de caos y así aumentaría nuestra capacidad de supervivencia. Es decir, que al ver ejemplos de diseño en el mundo natural –como estos engranajes del insecto mencionado– nuestra mente nos estaría engañando porque sencillamente en el mundo no hay diseño inteligente. ¿Cómo puede estar tan seguro de esto el Sr. Shermer? ¿Por qué la naturaleza no podría mostrar patrones que apuntaran realmente a la actividad de un ser inteligente?

Personalmente, sigo siendo de la misma opinión que el apóstol Pablo. Las cosas invisibles de Dios continúan haciéndose claramente visibles, mediante la observación detallada de las cosas creadas por él. Por tanto, no hay excusa que valga.

---

11   Shermer, M. 2006, *Why Darwin Matters: The Case Against Intelligent Design*, Henry Holt, pp. 38–39.

13
Todo tiene su tiempo y su espacio

En el libro bíblico de Eclesiastés se dice que "todo tiene su tiempo, y todo lo que se quiere debajo del cielo tiene su hora" (Ec 3:1). Además, hoy sabemos que –después de los descubrimientos de Einstein– el tiempo y el espacio están íntimamente relacionados. Ambos nacieron juntos y probablemente juntos morirán. De manera que nuestra vida viene determinada no solo por las manecillas de los relojes sino también por el medio ambiente local en el que nos desenvolvemos.

No obstante, esto que siempre ha sido así, hoy se ve profundamente alterado por ese afán de traspasar todos los límites a la máxima velocidad. Ya no se soportan las fronteras de ningún tipo. Actualmente la consigna parece ser alcanzar si más confines mejor y cambiar pronto las cosas de su lugar natural. Una de las consecuencias biológicas de tal permuta incesante es aquella que altera los ecosistemas de la naturaleza. La frenética actividad humana ha venido contribuyendo a trasladar especies desde un extremo a otro del mundo. Generalmente esto perjudica los sistemas de acogida porque los organismos que se introducen, libres de los depredadores que tenían en sus ambientes originarios, se reproducen en exceso y disminuyen notablemente las poblaciones autóctonas que estaban equilibradas.

Un pequeño insecto americano, introducido recientemente en la península ibérica y que ilustra bien todo esto, es el vulgarmente denominado "insecto asesino". El nombre ya lo dice todo. Se trata de un hemíptero, es decir un orden que se caracteriza por tener una boca adaptada a picar y chupar los jugos internos de otros insectos. Es, por tanto, un depredador formidable, a pesar de su reducido tamaño. Pertenece a la extensa familia *Reduviidae* de las chinches asesinas. Se trata de la especie *Zelus renardii* oriunda del norte y centro de América, pero extendida por archipiélagos oceánicos como Hawái, Filipinas, Samoa, etc., y que fue citada por primera vez en Grecia, en el 2010. Dos años después se la encontró en Murcia, en el 2020 se fotografió en Tarragona, más tarde en Barcelona y sigue expandiéndose hacia el norte. Puede actuar también sobre los humanos produciendo dolorosas picaduras,[12] aunque no suponen un peligro grave.

---

12 https://desinsectador.com/2021/01/27/a-proposito-de-un-caso-de-picadura-producida-por-zelus-renardii-heteroptera-reduviidae/

Mientras regaba el pequeño jardín de la azotea en Terrassa (Barcelona), descubrí una pequeña ninfa de esta singular especie posada sobre una flor de clavelina (*Dianthus chinensis*). En la fase juvenil, apenas pueden verse los rudimentos de las alas que poseerán de adultos. No obstante ya son capaces de atrapar moscas y otros insectos que se acercan a la flor atraídos por su néctar. Gracias a un pegamento que poseen en sus patas, se enganchan eficazmente a la presa y literalmente la absorben viva como si fuera un refresco. Se trata de una especie invasora que supone una amenaza para la fauna autóctona ya que se nutre de numerosas especies de insectos, se reproduce pronto, se dispersa ampliamente y se adapta bien a los climas templados y tropicales.

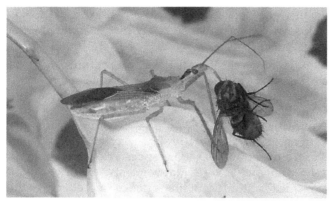

Insecto asesino adulto (*Zelus renardii*), en el que pueden apreciarse ya las alas desarrolladas, que está chupando los jugos internos de una mosca (https://verdeyazul.diarioinformacion.com/ya-esta-en-espana-el-chinche-asesino-de-dolorosa-picadura.html).

Al alterar los ecosistemas creados por Dios, el ser humano es responsable de la crisis ambiental delante del Altísimo. No obedecerle ni respetar su voluntad ha sido siempre una fuente productora de males insospechados. Si la crisis acaba con la humanidad, no podremos echarle la culpa al Creador sino que se deberá al egoísmo y la torpeza humana. Pero quizá estemos todavía a tiempo de arrepentirnos y cambiar las cosas. Tal vez podamos aún nacer de nuevo y abrir nuestra alma a la misericordia cósmica.

14
La lengua de los colibrís

Los colibrís son pájaros muy pequeños que viven en casi todos los ecosistemas del continente americano. Algunos tienen el tamaño de una abeja y pesan poco más de dos gramos. Otros, los más grandes, alcanzan los 24 cm de longitud. Su visión es muy buena y sus plumas presentan diversas tonalidades, las del cuello suelen emitir reflejos iridiscentes. Pero lo más extraordinario de su anatomía es el largo pico, adecuado para obtener el rico néctar de las distintas flores. Son, por tanto, excelentes aves polinizadoras que contribuyen a la expansión de la flora. Desde hace más de 180 años, los ornitólogos venían creyendo que su larga lengua tubular, que es casi el doble de larga que el pico y se arrolla internamente alrededor de la cabeza, chupaba el néctar mediante el conocido fenómeno físico de la "capilaridad". Esta se observa, por ejemplo, al mojar un pedazo de papel higiénico. El agua empapa el papel y avanza entre sus fibras de celulosa por acción de la capilaridad, hasta que la gravedad se lo impide.

Colibrí de la especie *Colibri coruscans*, fotografiado en la Reserva Forestal de Bellavista, Ecuador (Wikipedia).

Sin embargo, desde hace poco más de una década se sabe que esto no es así. Un grupo de científicos de la Universidad de Connecticut (EE. UU.) estudió la lengua de estas aves y descubrió que el líquido nutritivo no se adhiere a ella por simple capilaridad, sino que esta cambia de forma mediante un sofisticado mecanismo de ingeniería.[13] Resulta que la larga y delgada lengua tubular de todas las especies de colibrís es bífida, como la de las serpientes. Cuando las aves la introducen en el líquido azucarado, esta se bifurca en dos tubos largos que se separan entre sí. Dichos tubos cilíndricos están formados en realidad por muchas pequeñas piezas o láminas que se abren como si fueran tejas de un tejado levantadas por el fuerte viento. En el momento en que el animal retira su lengua del líquido floral, estas láminas se vuelven a cerrar herméticamente, reteniendo así el líquido en su interior. Dentro del pico del ave, ambos tubos linguales llenos de néctar son comprimidos y vacían su contenido en la cavidad bucal del animal.

Lo más extraordinario de este mecanismo de recolección de líquidos es que, a diferencia de las bombas hidráulicas diseñadas por los ingenieros humanos, no requiere ningún gasto energético por parte de los colibrís. Todo funciona por simple cambio de presión entre la lengua de los pájaros y los fluidos de las flores. Cuando el animal retira su lengua de la flor y la introduce en la cavidad bucal, comprime ambos tubos consiguiendo así el néctar que estos contienen. Dicha energía elástica se almacena en las pequeñas láminas y será después la que consiga abrirlas de nuevo cuando vuelvan a introducirla en la solución acuosa rica en nutrientes. Además, el material de las laminillas está diseñado para que se abra inmediatamente al entrar en contacto con el néctar y todo esto ocurre en menos de una décima de segundo. Los investigadores comprendieron que en tan poco tiempo era imposible que las aves absorbieran el líquido por simple capilaridad, como antes se pensaba. Se trata, por tanto, de una microbomba que actuaba perfectamente en la naturaleza, mucho antes de que el hombre inventara tales mecanismos hidráulicos.

---

13 Rico-Guevara, A. & Rubega, M. A. 2011, The hummingbird tongue is a fluid trap, not a capillary tube, PNAS, University of California, Berkeley, CA. https://doi.org/10.1073/pnas.1016944108

La lengua de los colibrís

La lengua de los colibrís suele medir el doble que el pico (FLIGHT: The Genius of Birds - Hummingbird tongue).

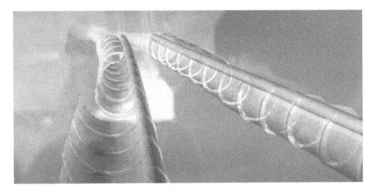

Representación gráfica de la estructura de la lengua bífida de los colibrís. Cada uno de los dos tubos en que esta se divide, están constituidos por pequeñas piezas laminares cóncavas que se abren al entrar en contacto con el néctar de las flores. Cuando los tubos están cargados y el pájaro retira la lengua, las laminillas se cierran y estos se vuelven a unir, reteniendo así el líquido capturado que será vertido en la cavidad bucal (FLIGHT: The Genius of Birds - Hummingbird tongue).

Desde el evolucionismo, se especula sobre la supuesta coevolución de las flores y los colibrís, diciendo que estas especies se adaptaron unas a otras y evolucionaron juntas. Sin embargo, no se ofrece ninguna trayectoria real de cómo pudo ocurrir esto. ¿De qué manera esta lengua bífida formada por múltiples laminillas cóncavas se habría originado como consecuencia de numerosas mutaciones al azar, a partir de una lengua normal que carecía de ellas?

En el artículo mencionado, los autores afirman que el bombeo es un proceso natural vital, imitado por los humanos desde hace miles de años, y que lo que ellos han descubierto en la lengua de los colibrís es un nuevo y desconocido mecanismo de bombeo. Uno que podría inspirar posibles aplicaciones artificiales. Pero, al decir esto, quizás sin pretenderlo, están relacionando el diseño humano con el diseño biológico. Es decir, diseños inteligentes al fin y al cabo. Si la naturaleza es capaz de inspirar a los ingenieros humanos para que estos realicen y mejoren sus propios diseños, ¿no será quizás porque hay diseño real en la misma? Pero claro, esto requiere admitir la existencia de un Diseñador.

15
Un motor molecular en las bacterias

A medida que avanza el conocimiento de la estructura interna de las células, nos sorprende la elevada complejidad que manifiestan. Cuando se inventó el microscopio, se pensaba que la célula era algo simple formado apenas por un núcleo oscuro y un citoplasma. Sin embargo, hoy sabemos cuán equivocados estaban los primeros estudiosos de los seres microscópicos. El interior celular –tanto de los microbios como de las células del resto de los seres vivos– se muestra cada vez más complicado y difícil de entender. Continuamente los investigadores están descubriendo máquinas moleculares que cumplen funciones precisas y altamente sofisticadas, que al principio no se comprenden del todo. Después de un cierto tiempo y de más trabajos científicos, cada estructura va encajando en su lugar correspondiente –como las piezas de un puzle– hasta que se entiende su significado y funcionalidad. Así progresan la citología, la genética y la bioquímica.

Una de estas últimas máquinas moleculares descubiertas en el interior de ciertas bacterias es la conocida con las siglas *RuvABC*. Se trata de una macromolécula formada por tres proteínas que actúa en la reparación del ADN bacteriano. Cuando se producen errores en la recombinación del ADN (proceso por el cual una hebra de material genético se corta y se une después a una molécula de material genético diferente para formar nuevo ADN), inmediatamente acuden estos motores celulares a reparar dichos errores. Se trata de un ejemplo alucinante de lo que se ha llamado "complejidad específica". Es decir, una máquina compleja que no se ha podido originar de manera aleatoria sino que requiere de un diseño inteligente previo. Es algo que parece pensado con un objetivo final. El azar de las mutaciones y la selección natural no pueden producir motores así, solo la mente es capaz de hacerlo.

Cuando algunas bacterias recombinan trozos de su ADN, se forman unas estructuras en forma de cruz que se conocen en todos los reinos de la vida como "uniones de Holliday". En tales uniones es donde suelen actuar los motores moleculares *RuvABC* resolviendo los posibles problemas que se producen. Si una letra o base nitrogenada (A, T, C, G) del ADN se coloca fuera de su lugar correspondiente, es pronto localizada y sustituida por otra correcta.

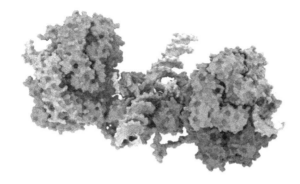

Reconstrucción artística del motor molecular *RuvABC* de las bacterias, que corrige los errores de copia producidos en la recombinación del ADN. Diseño del Deutsches Elektronen-Synchrotron (DESY) de Hamburgo (Alemania) (https://youtu.be/WfGhgQmWsX4).

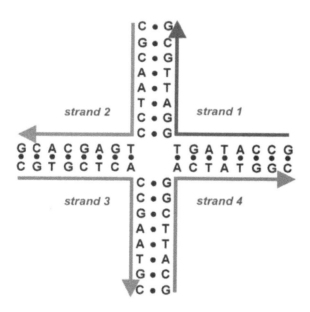

Esquema de una unión de Holliday en la que se muestra la estructura secundaria del ADN con la secuencia de bases nitrogenadas (https://es.wikipedia.org/wiki/Unión_de_Holliday).

La macromolécula *RuvABC* parece un sofisticado proyecto de ingeniería, pero se encuentra en el interior de un pequeño microbio, considerado simple y primitivo. Está formada por una veintena de engranajes, rotores y embragues que actúan en las uniones de Holliday de las hebras de ADN y se mueven alternativamente, a una velocidad vertiginosa, para cumplir su misión a la perfección. Es capaz de convertir la energía en un movimiento de palanca que genera la fuerza necesaria para impulsar la migración de las ramas a lo largo del cadena de ADN, tal como puede hacer cualquier motor de combustión.

La recombinación del ADN es uno de los principales procesos biológicos de los seres vivos, mediante el cual los cromosomas intercambian ADN para generar diversidad genética en la descendencia, o bien para mantener la integridad genética, reparando las posibles roturas de los cromosomas. Las uniones de Holliday se forman durante esta recombinación del ADN, al separarse cuatro brazos de la doble hélice y unirse en un punto determinado. De esta manera, intercambian hebras e información. Los científicos ven posibles aplicaciones de este motor molecular, que podría colocarse en otras células con algunas pequeñas modificaciones, con el fin de solucionar errores genéticos, transportar determinadas proteínas, estimular la hidrólisis y el intercambio de nucleótidos.[14] De manera que se podrían diseñar motores similares con diversas funciones celulares.

En ningún trabajo científico referido a estas increíbles nanomáquinas se habla para nada de cómo pudieron formarse por procesos evolutivos. Al contrario, cuando aparece la palabra "mutación" es para afirmar que estas pueden comprometer notablemente la actividad del motor. En relación a ciertos estudios mutacionales, se dice por ejemplo: "en los que la sustitución de *trans-Asp129* comprometió notablemente la actividad de migración de ramas, y la mutación de *trans-Glu128* resultó en un defecto de crecimiento bacteriano".[15]

No es necesario insistir mucho para convencer a los lectores de que estamos ante un auténtico ingenio natural que evidencia diseño real.

---

14   Wald, J. et al. 2022, Mechanism of AAA+ ATPase-mediated RuvAB–Holliday junction branch migration, *Nature*, vol. 609, pp. 630-639.
15   Iwasaki, H. et al. 2000, Mutational analysis of the functional motifs of RuvB, an AAA+ class helicase and motor protein for Holliday junction branch migration. *Mol. Microbiol.* 36, 528–538.

16
Una partenogénesis del Espíritu

Los pulgones son insectos diminutos pertenecientes a la superfamilia de los Áfidos (*Aphidoidea*). La mayoría solo miden de dos a tres milímetros de longitud. Sin embargo, solamente en la familia *Aphididae* se conocen cerca de 4000 especies, de las que alrededor de 250 constituyen plagas para los cultivos humanos. Esto se debe a que se alimentan de la savia que obtienen de los tallos y hojas más tiernos de las plantas, ya que poseen un delgado estilete en su aparato bucal que perfora la epidermis y succiona el líquido vegetal. Son, por tanto, fitófagos y provocan el retraso en el crecimiento de las plantas que parasitan.

El cuerpo tiene forma de pera con la cabeza pequeña, el abdomen bulboso y las patas estrechas y largas. En el quinto segmento del abdomen suelen tener dos tubos o *cornículos* que segregan sustancias defensivas. Aunque tales secreciones céreas no parecen resultar eficaces contra algunos insectos como las mariquitas, que figuran entre sus principales depredadores. Las distintas especies pueden tener colores verdes, pardos, oscuros, rojizos o amarillos como el del pulgón de la adelfa (*Aphis nerii*), que fotografié sobre un tallo de algodoncillo (*Asclepias sp.*).

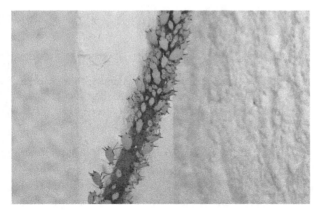

Población del pulgón amarillo (*Aphis nerii*) de la adelfa nutriéndose sobre un tallo de algodoncillo (*Asclepias sp.*). Las hembras partenogénicas paren otras hembras también partenogénicas durante varias generaciones.

65

Los pulgones tienen el cuerpo en forma de pera y en la parte posterior del abdomen presentan dos tubitos o cornículos por donde secretan una especie de cera dulce que les protege de muchos depredadores (50 aumentos).

Dos ejemplares del pulgón de la adelfa (*Aphis nerii*). Uno es alado y el otro áptero. Como se alimentan de plantas venenosas, adquieren su toxicidad y resultan venenosos para muchas especies. De ahí que algunos presenten colores llamativos para advertir de su toxicidad.

Los pulgones pasan el invierno en forma de huevos puestos durante el otoño anterior. En primavera, eclosionan y de ellos nacen solo hembras partenogénicas sin alas, que se conocen como madres del clan (sus cromosomas sexuales son XX). Posteriormente estas hembras empiezan a parir sucesivamente y de forma vivípara (es decir, sin poner huevos) a otras hembras, tal como puede apreciarse por el distinto tamaño de los individuos de la imagen anterior. Dan a luz hijas que son auténticos clones de sus madres. No obstante, ciertos individuos de las nuevas generaciones pueden ser morfológicamente diferentes a sus progenitoras y algunos llevan alas. Gracias a esto pueden volar y trasladarse a otras plantas para dispersar la especie. Algunas hembras paren crías que nunca llegan a alcanzar la madurez y cuyo único propósito es defender a sus madres. Al llegar el otoño, cesan las generaciones partenogénicas y vuelven a nacer machos (con un solo cromosoma sexual X0) y hembras que, después de aparearse, producirán huevos para pasar el invierno. El éxito en la rápida constitución de poblaciones de pulgones se debe a este tipo de reproducción asexual. Sin embargo, el elevado número de ejemplares producidos permanece bien controlado gracias a los numerosos depredadores que tienen, tales como mariquitas, crisopas, larvas de sírfidos, etc.

Como los pulgones se alimentan exclusivamente de la savia vegetal, consumen básicamente azúcares o glúcidos y apenas proteínas, por lo que necesitan comer mucho por eso lo hacen de día y de noche. Sus excreciones son dulces y muy buscadas por ciertas especies de hormigas que cuidan a las poblaciones, como si fueran auténticos rebaños productores de nutritivo alimento. Esta es una asociación que resulta beneficiosa para ambas especies ya que las hormigas defienden a los pulgones de posibles depredadores. Las colonias de pulgones se observan principalmente en los brotes tiernos de las plantas hospedadoras. El daño que pueden causar a estas es sobre todo estético, debido a las motitas de melaza pegajosa que se forman sobre hojas y tallos. También pueden limitar el crecimiento de la planta. Se ha calculado que aproximadamente el 25% de los vegetales presenta poblaciones de pulgones.

El aparato bucal de los pulgones está transformado en un agudo estilete chupador con el que absorben la savia de las plantas (50 aumentos).

Es sorprendente comprobar que, casi siempre que se profundiza en los secretos de los animales y demás organismos, se evidencia el propósito y la intencionalidad de cada estructura y cada comportamiento. Por pequeños, minúsculos o insignificantes que estos puedan ser se percibe inteligencia y adecuación en el diseño de las especies. Después de muchos años de investigar la naturaleza, esta sigue guardando celosamente misterios que hasta ahora resultan inexplicables. Por ejemplo, ¿cómo es que animales que poseen reproducción sexual dejan de practicarla en determinados momentos de sus vidas para concebir a sus hijos? Esto es algo intrigante. La partenogénesis o reproducción asexual está bien documentada no solo en algunas especies de insectos, sino también en peces, anfibios, reptiles y aves. Aunque tal comportamiento puede responder a diversas presiones del ambiente –y se han sugerido varias– lo cierto es que el éxito que tiene en algunas especies resulta sorprendente y su explicación sigue siendo un desafío para la ciencia.

Hoy sabemos que el nacimiento virginal en los humanos es biológicamente imposible. Además, los cromosomas sexuales femeninos (XX) no poseen el Y del varón (XY) por lo que, en una supuesta partenogénesis humana, solo nacerían hembras clónicas. Esto hace todavía más inmenso y significativo el gran milagro de la encarnación de Jesucristo, relatado en la Escritura porque "lo que es imposible para los hombres, es posible para Dios" (Lc 18:27). La Biblia afirma el gran acontecimiento sobrenatural de la encarnación del Hijo de Dios en una mujer virgen que no había conocido varón. Esto, que es una piedra de tropiezo para muchos racionalistas, constituye el segundo gran acontecimiento que solo se puede aceptar por fe. El primero es la creación del mundo. El tercero, la resurrección de Cristo. Por eso dice el autor de la carta a los Hebreos que "sin fe es imposible agradar a Dios; porque es necesario que el que se acerca a Dios crea que le hay, y que es galardonador de los que le buscan" (Hebreos 11:6).

17
Los isópodos terrestres limpian el suelo

Los isópodos terrestres que viven en el suelo son los únicos crustáceos verdaderamente aéreos. Vulgarmente se les conoce como cochinillas de la humedad y algunas especies son capaces de arrollarse en bola cuando se sienten amenazadas. Todos los demás crustáceos son acuáticos, tanto marinos como de las aguas dulces. Sin embargo, las cochinillas de la humedad respiran por medio de ciertas estructuras que poseen en los apéndices abdominales llamadas "pseudotráqueas", mediante las que captan el aire atmosférico en ambientes con diferentes grados de humedad. Por eso abundan bajo las grandes piedras en campos y bosques, así como en las cavidades subterráneas, aunque han colonizado casi todos los hábitats naturales, desde las regiones litorales hasta el interior de los continentes, incluyendo las altas montañas y los desiertos. Se conocen unas 3 500 especies diferentes por todo el mundo.

Ejemplar adulto de *Armadillidium vulgare*, especie abundante por casi todo el mundo. Posee dos antenas y dos anténulas más pequeñas. Estas últimas terminan en unos pequeños cilindros denominados "estetascos" capaces de detectar ciertos productos químicos del suelo, como los metales pesados.

Se trata del grupo zoológico que mejor conozco ya que mi tesis doctoral, presentada en 1990 en la Facultad de Biología de la Universidad de

Barcelona, trataba precisamente sobre la sistemática de los isópodos terrestres (Oniscidea) de la península ibérica y las islas Baleares. Después de unos seis años de investigación de este grupo, descubrimos 21 formas nuevas para la ciencia que hasta entonces se desconocían, entre las que figuran nuevos géneros y nuevas especies, así como otras muchas que estaban deficientemente descritas o no se habían encontrado más desde su descripción. Muchas tuvieron que estudiarse no solo con microscopía óptica sino también con los microscopios electrónicos de barrido de la Universidad de Barcelona y de la Universidad Paul Sabatier de Toulouse (Francia).El término "isópodos" significa literalmente "patas iguales". Lo cual no es del todo cierto pues los siete pares de patas o pereiópodos que poseen no son todos iguales. Precisamente, algunas de las diferencias morfológicas entre tales apéndices son útiles para clasificar a las distintas especies. Aunque, lo más importante para diferenciarlas es la forma de los apéndices copuladores abdominales o pleópodos de los machos. Después de aparearse, las hembras desarrollan un bolsa o marsupio donde contienen los huevos fertilizados que irán madurando hasta convertirse en miniaturas de los adultos. Es frecuente ver a tales crías sobre el dorso de sus progenitores como si se tratase de una guardería ambulante. Suelen estar más activos durante la noche ya que el grado de humedad es mayor.

Cría recién nacida de la especie *Porcellio silvestrii* sobre el dorso de su madre.

La llamada "volvación" o capacidad de arrollarse en bola es una característica defensiva que poseen algunas especies de isópodos terrestres, aunque también es una manera de mantener constante el grado de humedad corporal.

Los isópodos terrestres son saprófagos, es decir, se alimentan básicamente de detritus vegetal o de humus del suelo. Tienen unos órganos gustativos (*estetascos*) en las pequeñas anténulas del rostro que les facilitan la localización del alimento y de ciertos metales pesados.

Con posterioridad a la presentación de nuestra tesis doctoral, se descubrió un hecho extraordinario en relación con los isópodos terrestres. Resulta que estos pequeños crustáceos eran capaces de alimentarse, no solo de la materia vegetal o animal en descomposición que hay en el suelo, sino también de ciertos metales pesados presentes en el mismo, tales como plomo, cadmio, níquel, arsénico, cobre, zinc, etc., algunos de los cuales los usan en sus funciones biológicas o para descomponer la materia orgánica de los suelos. Al hacer esto, están colaborando en la protección de los vegetales y en la limpieza de las aguas subterráneas de los mantos acuíferos. Por tanto, son especies muy útiles para el mantenimiento de los ecosistemas naturales porque depuran los suelos contaminados por dichos metales pesados y, al ingerirlos, logran cristalizar sus iones acumulándolos en vesículas del hepatopáncreas.[16]

De esta manera, las toxinas generadas por tales metales se conviertan en depósitos esféricos dentro de sus cuerpos y dejan de ser perjudiciales para el medio ambiente. De ahí que tales animales resistan bien –mucho mejor que otros artrópodos– las zonas contaminadas y devuelvan la materia orgánica al suelo, con el fin de que otros organismos como hongos, protozoos y bacterias puedan aprovecharla más rápidamente. Los isópodos terrestres no solo limpian el suelo de metales sino que también suministran de manera natural un importante aporte de nitratos, fosfatos y otros nutrientes vitales para las plantas. Por todo ello, hoy se considera a los isópodos terrestres como bioindicadores de impacto ambiental.[17]

---

16   Iannacone, J., Alayo, M., Abanto, M., Sánchez, J., & Zapata, E. (Abril de 2001). *Porcellio laevis* Latreille, 1804 (Isopoda: Porcellionidae) como bioindicador para evaluación de plomo. *Revista Peruana de Entomología*, 42, 175-183; Köhler, H.-R. (2002). Localization of metals in cells of saprophagous soil arthropods (Isopoda, Diplopoda, Collembola). *Microscopy research and technique*, 56, 393- 401. Van Gestel, C., Loureiro, S., & Zidar, P. (2018). Terrestrial isopods as model organisms in soil ecotoxicology: a review. *ZooKeys*, 127-162; https://www.sciencedirect.com/science/article/abs/pii/S0167880999000353.

17   https://repositorio.cientifica.edu.pe/bitstream/handle/20.500.12805/788/TL-Bautista%20Y.pdf?sequence=1&isAllowed=y.

Los isópodos terrestres, como estos ejemplares de la especie *Porcellio haasi*, son como auténticas aspiradoras naturales de metales pesados ya que algunas especies limpian los suelos de plomo, cadmio, níquel, arsénico, cobre, zinc, etc.

Pienso que estos pequeños crustáceos de vida aérea y terrestre le dan una importante lección moral a la humanidad. La historia se ha encargado de mostrar que nosotros tendemos más a contaminar, destruir y ensuciar el ambiente que a limpiarlo y mantenerlo en óptimas condiciones. Sin embargo, los isópodos terrestres lo están depurando continuamente, eliminado los venenos que podrían acabar con nuestra vida y la de otros muchos organismos. Por tanto, son criaturas admirables que nos aleccionan con su modo de vida. Desde luego, esta lección moral no proviene directamente de ellos como grupo zoológico –que son criaturas instintivamente diseñadas para hacer lo que hacen– sino de aquel que así las diseñó con una finalidad concreta. Los hombres de la Biblia supieron siempre que muchos animales de la creación constituyen modelos ejemplares para el ser humano (Pr 6:6; 30:26; Mt 10:16; etc.). A medida que la ciencia avanza, esta intuición se hace cada vez más palpable.

18
¿Mienten los animales?

Suele entenderse que la mentira blanca o piadosa es aquella falsedad que se dice con alguna buena intención. O sea, que la benevolencia final sería el bien perseguido al no decir o reflejar la verdad tal cual es. A veces, lo que se pretende es hacer más digerible alguna cruda realidad. En otras ocasiones, la intención es evitar roces, altercados, fricciones innecesarias o comportamientos desagradables para las personas y causar así el menor daño posible. La mentira piadosa o noble sería pues una práctica maquiavélica frecuente en política, mediante la cual los gobernantes intentarían mantener el orden social. Así mismo, mentiras piadosas son aquellas que se refieren a Papá Noel, la llegada de los Reyes Magos cada seis de enero o los regalos del ratoncito Pérez, que pretenden hacer felices a los niños.

Carricero engañado ofreciendo un insecto a una cría parásita de cuco (https://es.wikipedia.org/wiki/Cuculus_canorus#/media/Archivo:Reed_warbler_cuckoo.jpg).

Salvando las correspondientes distancias, el reino animal ofrece también ejemplos de esta clase de mentiras, cuyo fin último puede ser el de proteger la propia vida o la de las crías indefensas, aunque a veces sea parasitando o engañando a otras especies. Un caso paradigmático es el del mentiroso cuco o cuclillo (*Cuculus canorus*) que pone sus huevos en nido ajeno para que sea la hembra engañada de la especie parasitada quien críe a sus descendientes, a costa de la vida de los suyos propios. Una crueldad zoológica propia de un mundo caído, en el que impera todavía la influencia de ese siniestro personaje, llamado en la Biblia, padre de mentira (Jn 8:44).

El arrendajo funesto o siberiano (Perisoneus infaustus) es otro pájaro que practica los graznidos de alarma mentirosos para ahuyentar a sus colegas y robarles la comida. https://es.wikipedia.org/wiki/Perisoreus_infaustus#/media/Archivo:Perisoreus_Infaustus_Kittila_2007_03_10d.JPG.

El arrendajo funesto o siberiano (*Perisoneus infaustus*) es otro pájaro mentiroso de la familia de los cuervos, que habita los bosques de pinos y píceas del norte de Escandinavia y Siberia. En ocasiones, se le ha visto engañar a otros ejemplares de su misma especie, con el fin de robarles la comida.[18] No solo es mentiroso sino también ladrón. Estas aves tienen una característica llamada de alarma que emplean para advertir al resto del grupo de algún peligro inminente. Cuando se les aproxima un depredador como el gavilán o alguna otra rapaz, graznan de una manera determinada con el fin de

---

18 F. C. R. Cunha & M. Griesser, 2021, Who do you trust? Wild birds use social knowledge to avoid being deceived, *Science Advances,* 28 May 2021, Vol 7, Issue 22, https://www.science.org/doi/10.1126/sciadv.aba2862.

avisar a los demás para que se pongan a salvo. Evidentemente esto es una conducta altruista que beneficia a toda la población de arrendajos. Sin embargo, en ocasiones este altruismo se torna mentiroso y egoísta. En efecto, a veces emiten tales graznidos de alarma cuando no hay ningún peligro y lo hacen solo para asustar a grupos vecinos de arrendajos, conseguir que huyan despavoridos y así poder robarles tranquilamente la comida que estos han escondido. Todo un comportamiento mentiroso para aprovecharse del trabajo y del alimento de los demás. Otras aves echan mano de la mentira piadosa, al fingir estar enfermas o tener algún ala rota, para atraer la atención de los depredadores y alejarlos del nido donde se encuentran sus huevos o pollos recién nacidos. En un reciente trabajo científico publicado en la revista *Proceedings of the Royal Society*,[19] cinco investigadores estudiaron este último comportamiento y descubrieron que se da en unas 52 familias de aves, comprendiendo 285 especies diferentes. Desde pájaros como los mirlos, gorriones o currucas hasta aves mayores como los faisanes o los patos. Esto resulta sorprendente e inesperado, en la perspectiva evolucionista, ya que supone que tal comportamiento –supuestamente originado por mutaciones al azar y selección natural– habría tenido que darse independientemente muchas veces en las diversas familias de aves. Se trata de una conducta que se observa en familias muy separadas en la filogenia evolutiva y que no poseen antepasados directos comunes. Si ya es difícil entender cómo la simulación del ala rota llegó a originarse una única vez, cuánto más lo será en tantas familias diferentes. Decir que pudo ocurrir por "convergencia evolutiva" sin explicar cómo, no soluciona el problema.

Ejemplar de chorlitejo colirrojo (*Charadrius vociferus*) practicando el comportamiento del ala rota para engañar a los depredadores.

19   L, de Framond, H. Brumm, W. I. Thompson, S. M. Drabing and C. D. Francis, 2022, The broken-wing display across birds and the conditions for its evolution, *Proceeding of the Royal Society B*, 30 March 2022, https://doi.org/10.1098/rspb.2022.0058.

Las exhibiciones de distracción en las aves se conocen también con el término "paratrepsis" y son –como decimos– comportamientos usados contra los depredadores diurnos para atraer su atención lejos del nido o las crías. No es una conducta exclusiva de las aves ya que se ha observado también en peces y mamíferos. En general, algunos autores evolucionistas suponen que tales actitudes debieron iniciarse primero como "parálisis parciales" o movimientos incontrolados originados por el estrés, al ver acercarse a los depredadores. Otros etólogos no están de acuerdo con esta explicación y piensan que se debe al conflicto de intereses generado en el animal, entre su instinto de conservación y el impulso de proteger a las crías. Mientras que algunos apuestan por conductas que se aprenden y se transmiten culturalmente de padres a los hijos. No obstante, nadie sabe realmente cómo pudo aparecer por evolución una conducta semejante.

Estas aves no son agentes morales capaces de tomar decisiones con la finalidad de engañar sino que simplemente se están comportando de acuerdo a un patrón instintivo que han heredado de sus progenitores. Tal comportamiento suele servirles con muchos depredadores animales, pero no con el ser humano quien, al ver la pantomima del ala rota, busca inmediatamente el nido en las proximidades. Los pájaros realizan este truco sin hacer primero ninguna reflexión teórica o razonamiento abstracto, con el fin de solucionar el grave problema de un ataque imprevisto. Lo hacen instintivamente, sin pensar, porque no piensan solo actúan como robots programados para ello. ¿Cómo pudieron adquirir tal comportamiento engañoso? Nadie lo sabe. Pero no son responsables morales de su engaño porque no son agentes morales que hayan reflexionado y decidido mentir. Simplemente lo han heredado pues fueron diseñados así.

Algunos creen que estudiando estos comportamientos de los animales quizás algún día seremos capaces de comprender el origen de la mentira o la sinceridad en el ser humano. Sin embargo, olvidan el gran abismo moral y espiritual que existe entre nosotros y el resto de los seres de la creación. Ningún juez aceptaría jamás que la mentira de un testigo, dicha con el fin de salvar a su amigo acusado, fuera simplemente consecuencia de un patrón de conducta heredado por evolución. Más bien, pensaría que es el resultado de una elección moral libre, generada por creencias personales en abstracciones humanas tales como la idea de justicia, de verdad, de deber, etc. En mi opinión, lo que indican estas mentiras y simulaciones de supervivencia de los animales es que detrás de ellas hay una inteligencia que trasciende a la propia naturaleza. Si esto es así, la ciencia humana nunca podrá tener acceso a ella ya que, por su propia metodología material, es incapaz de analizar lo inmaterial y trascendente.

19
La orientación de las medusas

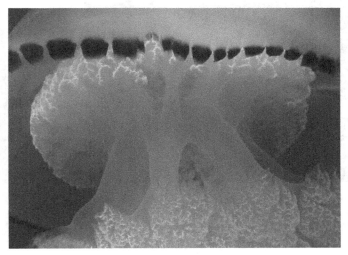

Ejemplar de aguamala (*Rhizostoma pulmo*) abundante en el Mediterráneo.

Desde la niñez me han venido fascinando las medusas. Se dejan tocar, pero debes saber cómo hacerlo. Si acaricias su "cabeza" o umbrela son exquisitamente suaves y delicadas, pero que no se te ocurra hacer lo mismo con los tentáculos inferiores porque ahí está el peligro que constituye su mejor defensa. En ellos residen unas células alargadas especiales (llamadas *cnidoblastos* o *cnidocitos*), que comparten también con los corales y anémonas de mar, capaces de segregar una sustancia urticante cuya misión es defenderse de los depredadores y a la vez paralizar posibles presas para nutrirse de ellas. No obstante, a pesar de tales células, tienen enemigos que las devoran sin ningún miramiento, como las tortugas marinas, a las que no parece afectarles para nada las toxinas de las medusas.

El veneno que producen es una mezcla de sustancias capaces de destruir los glóbulos rojos de la sangre así como las células musculares. El contacto con la mayoría de las medusas solo provoca un dolor inmediato con enrojecimiento e irritación de la piel. Sin embargo, algunas especies exóticas como la australiana *Chironex fleckeri*, tienen un veneno potentísimo que resulta mortal para el ser humano y se considera como el más peligroso del mundo. A pesar de todo, la ciencia ha descubierto que los venenos de las medusas son útiles para la regeneración de la piel humana ya que provocan una relajación rápida y duradera del tejido cutáneo, eliminando así las arrugas.

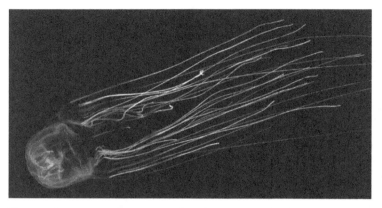

Esta medusa posee el veneno más peligroso para los humanos y pertenece a la especie australiana *Chironex fleckeri* (https://www.medusas.org/medusas-avispas-de-mar).

La medusa huevo frito (*Cotylorhiza tuberculata*) es abundante en el Mediterráneo y se alimenta de plancton. Suele formar enjambres de kilómetros cuadrados que, en ocasiones, arriban a la costa. No obstante, su picadura apenas tiene efectos en el ser humano.

Siempre se ha creído que las medusas eran seres simples, indolentes, pasivas y que se dejaban arrastrar por las corrientes marinas. De hecho, todavía se considera que forman parte de los organismos del plancton, palabra que significa literalmente "errante" o "vagabundo". Hasta ahora se sabía que estos animales de cuerpo blando poseen unos minúsculos órganos situados en el borde de la umbrela, llamados *estatocistos*, que les permiten detectar la gravedad, así como su situación en el espacio (si están bocarriba o bocabajo), las vibraciones del agua, los cambios de presión y, por tanto, el flujo de la corriente.[20] Sin embargo, recientemente se ha descubierto que también son capaces de nadar contracorriente con un gasto energético mínimo y seguir el campo magnético de la Tierra en sus desplazamientos, igual que hacen otras especies mucho más complejas, tales como salmones, tortugas marinas y la mayor parte de las aves migratorias.

Estas cualidades en unos seres supuestamente tan simples, cuyos fósiles se conocen desde el Cámbrico, han sorprendido a los investigadores.[21] Nadar contra la corriente, sin tener puntos de referencia visuales fijos, supone poseer sensores capaces de detectar la dirección y el sentido del movimiento del agua. Además, esto implica una cierta intencionalidad ya que se niegan por alguna razón a desplazarse en el sentido de la corriente. Se cree que las medusas pueden emitir algún tipo de señales para comunicarse entre ellas y reunirse en grandes grupos. Tales agrupaciones están formadas en ocasiones por millones de medusas que permanecen unidas en el océano durante meses. Hoy por hoy, todo esto sigue siendo un misterio para los científicos ya que se desconoce dónde están ubicados dichos sensores y cómo podrían funcionar.

Cuando se llega a una situación así, en la que se observa claramente diseño, complejidad e intencionalidad en los seres vivos, la mayoría de los investigadores creen que "de alguna manera" todo esto lo hizo la evolución por medio de mutaciones al azar y selección natural. Es el paradigma reinante y, por lo tanto, se procura ajustar el evidente diseño con el esquema darwinista. Sin embargo, cualquier estrategia biológica que funciona perfectamente desde la noche de los tiempos implica dirección y propósito. Algo que solo la inteligencia es capaz de hacer y no las fuerzas ciegas de la naturaleza.

---

20   Domínguez Tejo, Haydée María, 2002, «Hidromedusas y sifonóforos (cnidaria: hydrozoa) de las aguas superficiales de la bahía de Gaira, Caribe colombiano: Taxonomía, abundancia y relación con la oferta alimenticia». *Hidromedusas y Sifonóforos de la Bahía de Gaira / Fundación Universidad de Bogotá Jorge Tadeo Lozano, Facultad de Biología Marina, Santa Marta, D.T.C.H.*

21   https://theconversation.com/jellyfish-are-the-most-energy-efficient-swimmers-new-metric-confirms-26729.

20
La brújula del petirrojo

Desde hace mucho tiempo, el ser humano ha intuido que los animales gozaban de sentidos que nosotros no teníamos. Uno de tales misterios descubierto recientemente ha sido el de la sensibilidad magnética que poseen las aves migratorias para orientarse en sus migraciones. Un equipo formado por físicos, químicos y biólogos de las universidades de Oxford (Reino Unido) y Oldenburgo (Alemania) ha comprobado que los pájaros migradores nocturnos, como el pequeño petirrojo europeo (*Erithacus rubecola*), tienen una especie de "brújula" o GPS interno que les permite orientarse y volar durante la noche, en sus largos viajes de miles de kilómetros, entre el norte de Europa y el norte de África.[22]

El petirrojo europeo (*Erithacus rubecola*) es un ave paseriforme que se distribuye por el continente europeo y es migrante parcial en el norte de Europa y noroeste de África.

---

22 https://www.nature.com/articles/s41586-021-03618-9.

El petirrojo y otras muchas aves tienen como un GPS que, en vez de buscar satélites artificiales en órbita sobre la Tierra, detecta las líneas del campo magnético terrestre. Por eso son capaces de migrar tanto de día como de noche. Los investigadores descubrieron que semejante sensor magnético reside en sus ojos. Se trata de una proteína ocular del grupo de los "criptocromos" que también está presente en otros animales y plantas. Sin embargo, a dicha proteína fotorreceptora, que además es sensible a los campos magnéticos, se la ha denominado "criptocromo 4" (CRY4) y parece ser más sensible a las líneas de fuerza del magnetismo terrestre que las que poseen otras aves, como las palomas o las gallinas. En dicho trabajo se explica cómo los científicos rastrearon el código genético que da lugar a esta proteína con el fin de producirla en grandes cantidades, por medio de cultivos de células bacterianas. En el departamento de química de la Universidad de Oxford, aplicaron técnicas de resonancia magnética y óptica para analizar la proteína, y esto les permitió descubrir su marcada sensibilidad a los campos magnéticos. Al parecer, dicha sensibilidad se debería a reacciones de transferencia de electrones provocadas por la absorción del color azul del espectro de la luz.

En la conclusión del estudio, se apunta que esta reacción química desencadena efectos cuánticos capaces de amplificar las señales magnéticas. Los electrones saltan desde un aminoácido (triptófano) de la proteína criptocromo 4 al siguiente triptófano y así se forman pares de radicales que son magnéticamente sensibles. Estos triptófanos parecen ser la clave de la brújula magnética ya que si se sustituyen por otros aminoácidos diferentes, inmediatamente se bloquea el movimiento de electrones y los petirrojos se desorientan por completo. De manera que la retina de estas aves presenta un complejo mosaico de células perfectamente fijadas y alineadas que aumentan su sensibilidad a la dirección del campo magnético de la Tierra. Esto hace posible que cada petirrojo pueda volar solo en la oscuridad de las noches sin Luna y sin desviarse apenas de su ruta migratoria. Son aves que están perfectamente diseñadas para seguir con precisión el campo magnético terrestre.

Otro dato sorprendente es que este vuelo nocturno en solitario lo realizan petirrojos jóvenes que no lo han hecho jamás y que tampoco se lo han visto hacer a sus progenitores. La ciencia empieza a comprender cómo funciona el mecanismo cuántico de la orientación magnética, pero la cuestión de cómo saben los jóvenes adónde deben dirigirse exactamente, sigue siendo un misterio. Aunque se supone que debe tratarse de alguna programación genética innata. ¿Puede un proceso sin propósito como la evolución al azar programar en mecanismo cuántico tan sofisticado? Me parece que no.

Otros pájaros de tamaño similar, como la collalba gris (*Oenanthe oenanthe*) de tan solo 25 gramos de peso, realiza migraciones de hasta

30 000 km de ida y vuelta entre el Ártico y el África subsahariana.[23] Sus sistemas de navegación están diseñados con absoluta precisión desde que aparecieron sobre la Tierra y siguen desafiando a los grandes biofísicos. Muchas aves migratorias son capaces de encontrar el camino de regreso a sus áreas de cría y volver exactamente al mismo nido en que nacieron. ¿Cómo son capaces de hacer semejante proeza si solo poseen un pequeño cerebro que en algunos casos pesa menos de un gramo? Hoy sabemos que se debe al efecto mecánico cuántico de la magnetorrecepción, pero es probable que existan también otros sistemas de navegación todavía por descubrir. No obstante, esta precisión de la brújula o GPS de los petirrojos y de otras aves se ve muchas veces alterada por culpa de la actividad humana. La contaminación electromagnética provocada por las ondas de radio AM, perturba la orientación de muchas especies migratorias y las desvía de sus rutas.[24]

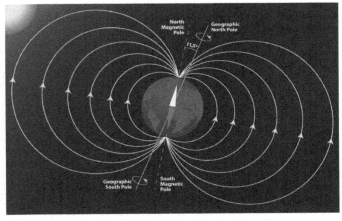

Campo magnético de la Tierra (https://geografia.laguia2000.com/general/campo-magnetico-de-la-tierra).

Pienso que aquí resultan especialmente pertinentes aquellas palabras del profeta Jeremías: "Aun la cigüeña en el cielo conoce su tiempo, y la tórtola y la grulla y la golondrina guardan el tiempo de su venida; pero mi pueblo no conoce el juicio de Jehová" (Jr 8:7). Por desgracia, muchas personas se niegan a ver la mano del Creador detrás de tantos misterios de la vida y creen que la naturaleza se ha creado a sí misma sin ninguna intervención

---

23   https://www.bbc.com/mundo/noticias/2012/02/120215_ciencia_pajaros_migratorios_vuelta_mundo_bd.
24   https://www.nature.com/articles/nature.2014.15176.

divina. Sin embargo, toda la creación nos habla con palabras elocuentes en el sentido contrario. También el apesadumbrado Job clama desde las páginas del Antiguo Testamento: "¡Quién me volviese como en los meses pasados, como en los días en que Dios me guardaba, cuando hacía resplandecer sobre mi cabeza su lámpara, a cuya luz yo caminaba en la oscuridad" (Jb 29:2-3). La luz divina, cuando ilumina el alma humana, puede todavía hoy guiarnos en medio de la oscuridad más absoluta, tal como dirige a tantas especies de aves.

21
La crueldad de los carnívoros

Cuando vemos cómo cazan los leones y abaten a las presas, aferrándoles sus fuertes mandíbulas al cuello hasta que estas dejan de respirar, es lógico que experimentemos sentimientos de repulsa ante semejante crueldad mortal. Aunque sea algo natural y necesario para el buen funcionamiento de los ecosistemas, aunque entendamos que se trata del modo de vida habitual de los carnívoros que deben nutrirse y alimentar a sus crías, aunque sepamos que las matan de la forma más rápida y menos dolorosa, hay algo dentro de nosotros que nos dice que eso no está bien. ¿Por qué tiene que ser así? ¿No habría podido Dios hacer las cosas de otra manera, en vez de permitir esta cruel realidad y tanto sufrimiento en el reino animal?

Las águilas suelen ocupar los lugares más elevados de las cadenas tróficas ya que se alimentan no solo de especies herbívoras sino también de carnívoros como serpientes, zorros, lagartos, etc., contribuyendo al equilibrio de los ecosistemas.

El filósofo ateo Bertrand Russell (1872-1970), en una de sus críticas al evolucionismo teísta que profesan tantos creyentes, desde la obra del jesuita francés Pierre Teilhard de Chardin, escribió estas lógicas palabras: "Parece que durante esas edades (…) cuando los animales se torturaban entre sí con feroces cuernos y aguijones mortales, el Omnipotente estaba esperando con tranquilidad la final aparición del hombre con más exquisitos poderes de tortura y crueldad más ampliamente difundida. Por qué el Creador hubo de preferir alcanzar su meta por un proceso, en vez de ir directamente a él".[25] Desde luego, si Dios creó por medio del proceso evolutivo con la finalidad última de hacer al ser humano, Russell tiene razón.

No obstante, que el hombre descienda del simio es algo que todavía está por ver. A pesar de la insistencia paleoantropológica, los fósiles no lo demuestran en absoluto ya que existe una profunda laguna sistemática entre unos y otros, similar a las que hay entre los grandes grupos de clasificación. El *Homo habilis* pierde credibilidad por todas partes porque los propios investigadores lo consideran como una especie de cajón de sastre donde se guardan fósiles pertenecientes a varias especies distintas. El género *Homo* es perfectamente distinguible de los demás fósiles antropoides y el hecho de que casi todos los seres vivos tengan ADN en sus células, tampoco es una demostración concluyente de un proceso evolutivo gradual, porque el Creador pudo haber usado tal macromolécula para hacer diversos seres vivos de manera discontinua, tal como usó unos mismos átomos para crear toda la materia del universo. Sin embargo, Russell se equivoca, si es que el Omnipotente hizo al humano de manera especial y diferenciada, a su imagen y semejanza.

Es verdad que en una creación como la actual, en la que imperan las leyes de la termodinámica, la gravedad, el electromagnetismo y las fuerzas nucleares fuertes y débiles, los herbívoros requieren de la depredación de los carnívoros para mantener sus poblaciones en perfecto estado genético y saludable, así como para minimizar la enfermedad, la superpoblación, el sufrimiento y la muerte. Si no hubiera carnívoros, los animales herbívoros sucumbirían de hambre y de enfermedades diversas. La presión de selección que realizan los carnívoros sobre los herbívoros elimina sobre todo a los enfermos, débiles, torpes o viejos y esto contribuye a mantener sus poblaciones en óptimo estado. Gracias a los carnívoros, el tamaño de las poblaciones de herbívoros se mantiene en el nivel adecuado para sustentarse de la vegetación disponible. Quizás la muerte del herbívoro parezca cruel desde la ética humana, pero es adecuada desde la dinámica de las poblaciones y el buen funcionamiento de los ecosistemas. En general, los depredadores son hábiles matarifes que acaban rápida y eficazmente con la vida de sus víctimas. No se regodean cruelmente en hacerlas sufrir sino todo lo contrario.

---

25 Russell, B. 1985, *Religión y Ciencia*, Fondo de Cultura Económica, México, pp. 57-58.

Además, ¿cómo evaluar el grado de sufrimiento que experimenta cada especie? Si bien se puede considerar que los animales superiores sufren, es poco probable que los inferiores lo hagan en la misma medida que las personas. Si el dolor y el sufrimiento dependen de la complejidad cerebral, la inmensa mayoría de los animales, los llamados inferiores, no sufren prácticamente nada al ser devorados por sus depredadores.

A pesar de que el mundo actual es un mundo caído, las leyes naturales han sido optimizadas por el Creador para compatibilizar el mal con la libertad humana. Todavía es posible que el ser humano experimente el amor desde el libre albedrío. Según la Escritura, cuando sea erradicado el mal, Dios llevará a todos los redimidos a una nueva creación donde no existirán las leyes de la termodinámica actual, ni la gravedad, el electromagnetismo o las fuerzas nucleares. Un mundo inimaginable en el que "morará el lobo con el cordero, y el leopardo con el cabrito se acostará; el becerro y el león y la bestia doméstica andarán juntos, y un niño los pastoreará" (Is 11:6). En tal creación no existirá la decadencia, la enfermedad, el sufrimiento, ni tampoco la muerte. ¿Una utopía fantástica o una revelación verdadera del Altísimo? Prefiero creer en esto último.

Cuando el ser humano juega a ser juez de Dios o a creer que él habría hecho las cosas mejor, se está enfocando solo en detalles particulares, en lugar de contemplar toda la realidad desde la perspectiva histórica global, tal como hace el Creador. Es lo que reflejan las palabras de Zofar en el libro de Job: "¿Descubrirás tú los secretos de Dios? ¿Llegarás tú a la perfección del Todopoderoso?" (Jb 11:7). Si no conocemos los propósitos del Altísimo al crear el universo, es imposible que entendamos plenamente sus decisiones. No obstante, el ser humano piensa que sabe mucho, gracias a sus descubrimientos científicos, y esto le hace creerse con derecho a juzgar y cuestionar la obra divina. Pero son tantas las cosas del cosmos y de la vida que desconocemos que deberíamos aprender a ser más humildes. Es posible que el Señor nos observe como los padres miran a sus hijos adolescentes. Al haber crecido estos en poco tiempo y adquirido cierta madurez, a veces se atreven a juzgar a sus padres de manera un tanto injusta. Sin embargo, cuando pasan los años, se vuelven adultos y reflexionan, entonces muchos reconocen el error que cometieron en la adolescencia.

Según la Biblia, Dios permite el mal en el mundo con el fin de que las personas puedan ser realmente libres y responsables. Sin embargo, lo hace con una condición: la de ofrecernos también una vida eterna feliz después de la muerte natural. Y esto se hizo posible gracias a Jesucristo. El mal de la naturaleza –que reflejan tan bien los animales carnívoros– sigue siendo malo, pero es menos malo y más comprensible desde la teodicea de Jesús.

22
La puntería del pez arquero

Los pequeños peces arquero son formidables cazadores acuáticos que atrapan a sus presas –generalmente insectos y arácnidos– por medio de un fino chorro de agua, potente y bien dirigido. Dicho flujo rectilíneo es emitido con la dirección y el ímpetu necesarios para alcanzar y derribar a la víctima de la rama u hoja donde esta se encuentra. Así, al caer al agua, los sorprendidos artrópodos terrestres son inmediatamente tragados por el avispado arquero que nada velozmente para evitar que otros peces le roben la pieza. ¿Cómo logra este pez semejante exhibición de destreza física y puntería, disparando desde dentro del agua a un objetivo aéreo? ¿Quién le ha enseñado a dominar las leyes ópticas de la refracción?

Pez arquero lanzando un chorro de agua sobre un pequeño saltamontes. (https://thejohn1010project.com/sharpshooter.html).

Los peces arquero pertenecen al género *Toxotes*, término griego con el que se denominaba a los guerreros arqueros de la antigua Grecia. Se conocen fósiles desde el Terciario y se han descrito unas siete especies vivas que se distribuyen desde la India hasta Filipinas, Australia y la Polinesia. Habitan en riachuelos o lagunas de agua dulce, pero también en las aguas salobres costeras de los manglares. Poseen un cuerpo comprimido lateralmente que no suele sobrepasar de media los 16 cm de longitud. Aunque algunos ejemplares pueden medir hasta 40 cm. Sus ojos son grandes, así como la boca que es muy protráctil y puede abrirse considerablemente. El chorro de agua que lanzan a las presas, sacando la boca del agua, suele alcanzar de uno a dos metros de distancia y su efectividad es del 90%.

Esta capacidad de los arqueros para lanzar chorros fuera del agua con tanta precisión se debe a una particular anatomía de su boca y cabeza. Tienen unos músculos muy desarrollados que permiten que la mandíbula inferior sea muy protráctil y pueda dirigirse hacia adelante. En el momento del disparo, se forma una especie de cañón interno constituido por la lengua y un surco que recorre longitudinalmente la boca. Los grandes ojos les permiten una visión en tres dimensiones capaz de calcular con exactitud las distancias, así como el ángulo de refracción entre el agua y el aire. Gracias a estas cualidades anatómicas son capaces de adecuar la presión y velocidad del chorro de agua que emiten al aire. De la misma manera, pueden usarlo dentro del agua para desenterrar pequeñas presas acuáticas del fondo arenoso e incluso son capaces de saltar fuera del agua para atrapar insectos cercanos como moscas o libélulas.

Una idea muy popular, sobre todo después del entrañable pez cirujano Dory de la famosa película infantil *Buscando a Nemo*, es la de que los peces no tienen apenas memoria. Sin embargo esto es completamente falso. La demostración de dicho error viene también de la mano de los peces arquero y otras muchas especies. Se ha podido comprobar que los ejemplares jóvenes e inexpertos de arquero aprenden a mejorar la técnica de caza a lo largo de su vida observando cómo lo hacen los adultos. Además son capaces de reconocer figuras geométricas e incluso los rostros humanos de sus cuidadores, al ser convenientemente adiestrados. En ocasiones, cuando estos se aproximan al acuario, los peces empiezan a escupirles, no porque les desprecien sino porque les relacionan con la hora de la comida.

Un equipo de científicos alemanes demostró que el pez arquero (*Toxotes chatareus*) es capaz de distinguir más de 40 rostros humanos diferentes.[26] Esto confirma las impresionantes habilidades de discriminación de imágenes que tiene este pez, que posee solo un pequeño cerebro carente de neocórtex. Hasta ahora se pensaba que el reconocimiento facial humano se daba solamente en animales que poseen un neocórtex cerebral desarrollado como los mamíferos y ciertas aves. Al carecer todos los peces de

---

26 Newport, C., Wallis, G., Reshitnyk, Y. & Siebeck, U. E., 2016, Discrimination of human faces by archerfish (*Toxotes chatareus*), *Scientific Reports*, vol. 6, Art. 27523.

dicho neocórtex, se creía que no podían reconocer rostros humanos. ¿Por qué iba la evolución a favorecer esta habilidad en unos animales que no tenían contacto con el hombre? Sin embargo, la evidencia muestra que a pesar de todo sí son capaces de hacerlo y que posiblemente se trata de una habilidad innata.

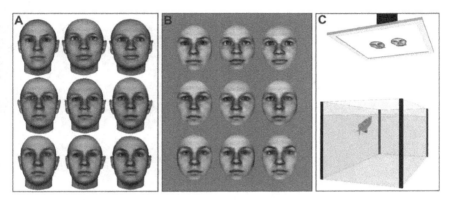

Ejemplos de imágenes de caras representativas de las utilizadas en el Experimento 1 (A) y el Experimento 2 (B). Las imágenes que se muestran son transformaciones en 3D de varias caras para proteger la privacidad de personas específicas. Todas las imágenes de rostros fueron proporcionadas por el Instituto Max-Planck de Cibernética Biológica en Tübingen, Alemania. (C) Ilustración de la configuración experimental (Newport, C., Wallis, G., Reshitnyk, Y. & Siebeck, U. E., 2016, Discrimination of human faces by archerfish (*Toxotes chatareus*), *Scientific Reports*, vol. 6, Art. 27523).

En fin, estos pequeños peces son animales sorprendentes que indican lo mucho que desconocemos todavía acerca de los seres vivos de la biosfera. Generalmente la creación se muestra más compleja y sofisticada de lo que se pensaba antes de Darwin. Y esto no puede deberse a la casualidad de las mutaciones del ADN o a la selección natural azarosa sino a la planificación de un creador inteligente.

23
La asimetría de los caracoles

Desde hace muchos años, los zoólogos saben que hay caracoles de derechas y de izquierdas. Nada que ver con ideologías políticas. Se trata solo de cómo presentan el arrollamiento de su concha. Los que la desarrollan en el sentido del movimiento de las agujas del reloj (dextrógiros) son la inmensa mayoría, mientras que quienes lo hacen en sentido contrario (levógiros) constituyen una sorprendente rareza que ha venido preocupando desde siempre a los malacólogos o zoólogos especialistas en dichos moluscos. Hasta ahora no se sabía por qué solo uno, de cada millón aproximado de caracoles, arrollaba su concha hacia la izquierda, al revés que todos los demás congéneres. Desde luego, tal anatomía resulta mala para quien la posee ya que le impide reproducirse. Como la disposición de sus órganos internos también está al revés, los orificios genitales no coinciden y, por tanto, los caracoles levógiros solamente podrían aparearse y tener descendencia con otro ejemplar levógiro como ellos. Sin embargo, encontrar pareja entre un millón es muy poco probable, máxime si además eres hermafrodita.

Los caracoles que presentan arrollamiento dextrógiro (en el sentido de las agujas del reloj) son la inmensa mayoría.

Esto, que puede ser casi imposible para un caracol, le ocurrió increíblemente a mi hermano Alfonso. Encontró la concha de un caracol blanco levógiro de la especie *Iberus gualtieranus alonensis* cerca del pueblo de Pitarque en Teruel. Pronto se puso en contacto conmigo y me permitió tomar la siguiente imagen.

Conchas dextrógira (la de la izquierda de la imagen) y levógira (la de la derecha) del caracol blanco (*Iberus gualtieranus alonensis*), gasterópodo terrestre de la familia *Helicidae*, endémico del sureste y levante de la península ibérica.

En 2016, un equipo internacional de científicos liderados por el genetista Angus Davison de la Universidad de Nottingham, publicó un trabajo en la revista *Current Biology*, en el que se comunicaba que una "mutación incapacitante" en un gen de los caracoles era la causante del cambio en el sentido del giro de la concha de estos animales.[27] Se trata de un gen que codifica o sintetiza unas proteínas llamadas *forminas* y que, al parecer, el cambio en una sola letra o base nitrogenada del ADN, dentro del huevo recién fecundado de solo dos o cuatro células, es suficiente para modificar el sentido del giro y dar lugar a un caracol de izquierdas. Se trata, por tanto, de un error de copia en la formación de dicho gen de la formina.

Davison consiguió un caracol levógiro vivo de la especie *Cornu aspersum*, muy apreciada en la gastronomía mediterránea, al que llamaron "Jeremy". Se trata de una especie muy común en Europa, de donde es originaria, pero introducida también en América y que constituye una plaga para

---

27 Davison, A. et al., 2016, Formin Is Associated with Left-Right Asymmetry in the Pond Snail and the Frog, *Current Biology*, Volume 26, Issue 5, Pages 654-660.

los cultivos. Se hizo un llamamiento mundial para ver si alguien poseía otro ejemplar vivo que fuera también levógiro, con el fin de que pudieran aparearse y tener descendencia para futuras investigaciones. Les llegaron dos caracoles con esa misma mutación. Uno al que llamaron "Lefty" de un coleccionista de Suffolk, en Inglaterra, y otro procedente de un restaurante mallorquín, al que le pusieron "Tomeu". Sin embargo, Jeremy no se apareó con ninguno de los recién llegados, pero estos sí lo hicieron entre sí y tuvieron muchos descendientes.

Como es sabido, los caracoles son hermafroditas. Es decir, cada individuo posee órganos sexuales masculinos y femeninos, produciendo tanto espermatozoides como óvulos. Lo que un caracol no puede hacer es fecundarse a sí mismo. Realizan, por tanto, una fecundación cruzada. El esperma de un ejemplar fecunda los óvulos del otro y viceversa. De esta manera, Lefty y Tomeu pusieron numerosos huevos de los que eclosionaron unos 170 caracolitos en miniatura. No obstante, para decepción de los investigadores todos eran normales, es decir dextrógiros. El equipo pensó que quizás en cruces sucesivos pudieran aparecer más ejemplares levógiros.

El famoso caracol levógiro de Mallorca, Tomeu, transportando sobre su concha a dos pequeños hijos dextrógiros. No salieron como los progenitores debido a la baja probabilidad de que coincidan los genes recesivos mutantes en un mismo individuo. (https://www.ultimahora.es/noticias/local/2022/11/20/1830557/mallorca-clave-genetica-explica-asimetria-animales-humanos.html).

En el año 2021 nació el primer caracol levógiro en el laboratorio, procedente de padres también levógiros. Dicho nacimiento confirmó que estos caracoles de izquierdas no se originan por un accidente del desarrollo embrionario sino que se forman como consecuencia de la alteración o mutación de algún gen que provoca que todos sus órganos se dispongan al revés. El Dr. Angus Davison y su equipo están trabajando en la identificación de dicho gen de los caracoles y abrigan la esperanza de que esté también presente en los humanos. Si así fuera –dicen–, el estudio de tal gen podría contribuir a entender la asimetría de nuestro propio cuerpo.

Desde el evolucionismo, se piensa que la asimetría del cuerpo humano pudo tener su origen en genes similares a los que producen la asimetría en los caracoles.[28] Es decir, que una hipotética mutación aleatoria en un antiguo gen de alguna especie de molusco ancestral pudo ser causa de que hoy nosotros tengamos el hígado a la derecha y el bazo, el páncreas o el estómago hacia la izquierda del cuerpo. Aunque la inmensa mayoría de las mutaciones causan perjuicio al individuo que las sufre, el darwinismo supone que la evolución de todos los seres vivos depende de las escasísimas mutaciones beneficiosas. De ahí que siempre se estén buscando dichas mutaciones que supuestamente lo habrían creado todo. Sin embargo, resulta sumamente paradójico que la suma de errores en la transmisión de la información del ADN genere tantas soluciones perfectas e inteligentes.

---

28 https://www.investigacionyciencia.es/noticias/rarezas-y-cuitas-de-un-caracol-o-el-origen-gentico-de-la-asimetra-corporal-15298.

24
Los pingüinos del norte

Ejemplar de alca común (*Alca torda*) fotografiado en el puerto de Palamós (Girona) a primeros de diciembre de 2022.

Estamos asistiendo estos días de otoño a la llegada de unas curiosas aves poco frecuentes en las costas mediterráneas. Se trata de las conocidas alcas comunes (*Alca torda*) que los franceses denominan "pingüinos alca". En realidad, no son pingüinos, pero su parecido es notable, sobre todo cuando se les ve caminar fuera del agua. Como es sabido, ni en el Polo Norte ni en el hemisferio Norte se dan los pingüinos ya que estos son exclusivos de la Antártida y de otras muchas regiones del hemisferio Sur. Sin embargo, los zoólogos dicen que las alcas son los equivalentes en el hemisferio norte de los pingüinos del sur, tanto por su forma de vida como por su apariencia. De hecho, las alcas fueron primero bautizadas como "pingüinos" por los marineros europeos y más tarde dicho nombre fue heredado también por los verdaderos pingüinos del sur.

Las alcas (llamadas *gavots* en catalán; *carolos* en gallego y *potorro arrunta* en vasco) son aves charadriiformes de la familia *Alcidae* que viven sobre todo en Islandia (70% de la población total). El resto se encuentra repartido por las islas británicas, península escandinava, noroeste de Francia, así como en la parte atlántica y cantábrica de España. En los años 90 era también frecuente verlas en invierno en el Mediterráneo, sin embargo poco a poco se han ido volviendo más escasas en dicho mar. Por eso sorprende lo ocurrido este año que, debido probablemente a las fuertes borrascas con vientos huracanados del Atlántico occidental, hayan sido desviadas hacia el este y el estrecho de Gibraltar, alcanzando así el Mediterráneo y llegando hasta las costas catalanas. Han arribado exhaustas, hambrientas y algunas no han logrado sobrevivir al viaje. El hallazgo de numerosos cadáveres ha despertado la sospecha de algunos y se ha dicho que quizás pudiera deberse también al cambio climático o incluso a la gripe aviar. El ornitólogo Xavier Larruy manifestó: "Las alcas no cruzan por voluntad propia tierra firme, vuelan junto al litoral y siempre han llegado cruzando el estrecho de Gibraltar. No sabemos por qué hay una población tan grande en la costa catalana y no han quedado ejemplares en las costas de Andalucía o Valencia. También vemos que muchos no se zambullen para pescar alimento".[29] De momento, parece que hay más preguntas que respuestas en relación a dicho fenómeno.

Cadáver de alca común flotando en aguas del puerto de Palamós.

El *Institut Català d'Ornitologia* (ICO) ha manifestado también que habitualmente, durante el período del 2009 al 2021, la media de las observaciones de estas aves en la costa catalana era de casi 8, mientras que este año es ya

---

29 https://www.niusdiario.es/espana/catalunya/20221130/llegada-masiva-alcas-arrastradas-temporal-costa-catalana_18_08109160.html.

de 99.[30] Se ha manifestado que quizás el cambio climático, al aumentar la temperatura del agua, podría disminuir la disponibilidad de alimento y obligarlas a desplazarse más lejos en busca de peces. El hecho de haberse encontrado tantos ejemplares muertos flotando en los puertos pesqueros y deportivos ha provocado también que se piense en alguna posible enfermedad como la gripe aviar. Sin embargo, hasta el momento no hay constancia de que estas sean las verdaderas razones. Por tanto, se requieren más estudios para averiguar las causas de tal fenómeno.

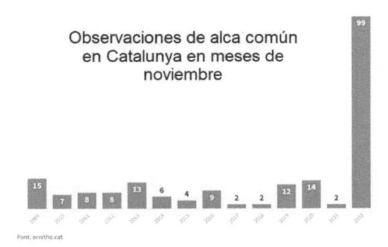

Obsérvese el notable incremento de alcas en la costa catalana durante el mes de noviembre del año 2022 (Fuente: https://www.lavanguardia.com/natural/20221201/8629691/llegando-tantas-alcas-moribundas-cambio-climatico-gripe-aviar-causas-estudio.html#foto-1).

Las alcas son aves muy singulares capaces de nadar sobre las olas como los patos, bucear hasta unos siete o diez metros de profundidad para pescar pequeños peces, volar por el aire durante cientos de kilómetros sobre la superficie del agua y usar sus alas para nadar bajo el agua. Es una ave marina muy polivalente que refleja una maravillosa adecuación al océano y parece perfectamente diseñada para vivir como lo hace. Es fiel a su pareja ya que se une a ella de por vida. Crían en los acantilados, la hembra solo

---

30   https://www.lavanguardia.com/natural/20221201/8629691/llegando-tantas-alcas-moribundas-cambio-climatico-gripe-aviar-causas-estudio.html#foto-1.

produce un huevo en cada nidada, que es cuidado con exquisito esmero por ambos progenitores.

Actualmente las aves marinas son uno de los grupos biológicos más amenazados que existen. Son capturadas accidentalmente en las artes de pesca. Se quedan enganchadas en los anzuelos de los palangres. Esto pone en peligro de extinción a algunas especies concretas. De ahí la necesidad de modificar ciertas maneras de pescar y de concienciar a los pescadores. En fin, como las demás especies de aves del mar, el alca común es un auténtico milagro de la creación que debemos proteger porque pone de manifiesto la voluntad y la obra de un Dios de amor.

25
El pato mandarín: una impresora 3D de inyección

Ejemplar macho de pato mandarín (*Aix galericulata*) fotografiado en el lago de Bañolas (Girona).

El pato mandarín (*Aix galericulata*) es una especie de ave anseriforme oriunda del este de China, Siberia y Japón. Debido a su extraordinaria belleza, a finales del siglo XVIII, fue transportado por el ser humano a Gran Bretaña y criado en cautividad como especie ornamental. Poco a poco se extendió por lagos y jardines de la isla formando una población salvaje de más de 1000 parejas, hasta que algunos escaparon alcanzando también el continente. Tales fugitivos fueron arribando lentamente a diversos países de Europa como España, donde se le citó ya en 1917 de la albufera de Valencia y en 1969 del delta del Ebro.[31] Actualmente existe también en el lago de Bañolas (Girona), donde se le puede observar desde hace más de un lustro y ha llegado a convertirse en una atracción para el público. El macho presenta un aspecto exótico inconfundible, tal como corresponde a un pato procedente del sudeste asiático, mientras que la hembra es de color pardo

---

31 Folch i Guillèn, R. 1986, *Història Natural dels Països Catalans, 12. Ocells*, Enciclopèdia Catalana, Barcelona, p. 113.

grisáceo, con un moteado más claro en los flancos y bellos anillos oculares blancos. Suelen hacer sus nidos en huecos de los árboles, junto a lagos de agua dulce y ríos. En el 2015, se estimaba que la población mundial del pato mandarín era aproximadamente de unos 66 000 individuos. Actualmente se le cría en granjas especializadas y se pueden adquirir ejemplares incluso por internet.

Ejemplar hembra de pato mandarín (Aix galericulata) fotografiado en el lago de Bañolas (Girona). Durante los meses de verano, cambian las plumas y desaparece prácticamente el dimorfismo entre machos y hembras. En esos meses solo se diferencian por el color del pico, rojo en los machos y oscuro en las hembras.

Pareja de patos mandarín acicalando su plumaje. De esta manera mantienen las plumas en óptimas condiciones, limpias y sin parásitos, lo cual les evita enfermedades, preserva el aislamiento térmico y mantiene el color de las plumas (lago de Bañolas, Girona).

La belleza del diseño, la variedad de colores de sus plumas y el comportamiento fiel de estas aves a lo largo de toda su vida, no pasaron desapercibidos al ser humano. En Asia oriental llegaron a simbolizar el amor conyugal y existía la costumbre de regalar una pareja de estos patos a los recién casados, con el deseo y la creencia de que les aportarían bendiciones.

La gran variedad de plumas coloreadas que se observa entre las aves es realmente extraordinaria. Desde el blanco inmaculado de algunas palomas hasta el negro azabache de los cuervos o las cornejas, pasando por la monocromía parduzca de los gorriones, la increíble cola masculina del pavo real, faisanes, guacamayos, cacatúas o las sorprendentes aves del paraíso, existe todo un enorme abanico multicolor formado por diferentes patrones de plumas y tonalidades únicas del reino animal. La pregunta es inevitable: ¿cómo pudo surgir semejante diversidad morfológica y cromática capaz de afectar el comportamiento de las aves? Como es sabido, las plumas muestran una compleja organización tridimensional formada por el eje o raquis, el cálamo o cañón, las barbas plumáceas y plumosas, así como numerosas púas y ganchos que les proporcionan su singular estructura. Pero además, cada pluma presenta un determinado patrón de colores, manchas o rayas, según el lugar que ocupa en el cuerpo del ave y la función que debe realizar. ¿Qué determina, en el folículo que da lugar a la pluma, que aparezcan o no ciertos colores en el momento adecuado para producir el resultado final?

En el año 2013, se publicó un trabajo en la revista *Science* que desvelaba parte de este misterio. Un equipo de científicos de Taiwán y Estados Unidos descubrieron que en el folículo germinal de cada pluma existe un complejo equipo de células reguladoras que trabajan conjuntamente para producir cualquier patrón cromático, algo así como una impresora 3D de inyección.[32] En la base del folículo de cada pluma, existe un anillo de *células madre de melanocitos* (MsSC), llamado folículo proximal, que da lugar a melanocitos productores de la melanina responsable del color oscuro. Estas células madre son capaces de alternar la producción de melanocitos con o sin melanina, a medida que se desarrolla la pluma, y esto permite que esta crezca con determinados patrones cromáticos, como rayas, manchas, llamativos colores y toda una gran variedad de formas. Además, en el folículo existen proteínas que, como la llamada *agutí estampada*, modulan la producción de melanocitos y esto permite otro nivel distinto de regulación.

En el momento en que termina de crecer la pluma, las células madre se inactivan hasta que vuelvan a ser requeridas. Esto puede ocurrir cuando

---

32   Lin, S. J. et al., 2013, Topology of Feather Melanocyte Progenitor Niche Allows Complex Pigment Patterns to Emerge, *Science*, Vol. 340, Issue 6139, pp. 1442-1445, DOI: 10.1126/science.1230374.

alguna de ellas se arranca accidentalmente, se lastima o es el período de la muda. Si se piensa, por ejemplo, en la complejidad de una pluma de la cola del macho de pavo real, con esa especie de "ojo" característico que hacen vibrar durante el cortejo previo al apareamiento, se descubre el notable control espaciotemporal que requieren las células de los folículos para generar semejante estructura.

En dicha investigación, se identificaron una docena de otras moléculas proteicas de señalización que participan también en la regulación y control de los melanocitos. A medida que se desarrolla lentamente cada pluma, estas moléculas emplean mecanismos de retroalimentación que monitorean y controlan su crecimiento. Lo más extraordinario es que a partir de un solo tipo de célula de melanocito y gracias a la acción de todas estas moléculas proteicas, se produce una rica variedad de patrones y colores diferentes. Al mismo tiempo, operan otros mecanismos que controlan la forma de la pluma, generando bárbulas, ganchos, púas y el típico patrón en espiga.

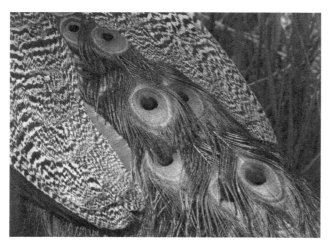

Plumas de la cola de un pavo real macho con sus ocelos característicos.

En el mencionado artículo de *Science*, los científicos explican cómo tomaron el folículo de una pluma de codorniz y lo trasplantaron a un pollo blanco. El resultado fue que el pollo produjo plumas de colores como las de la codorniz. Esto les hizo pensar que el patrón de las plumas del ave no parece estar controlado directamente por el ADN sino por la organización espacial de las células madre de melanocitos (MsSC) del folículo y de sus mecanismos reguladores. No obstante, alguna información del genoma debe controlar a estos factores MsSC para que cada individuo de una determinada especie nazca siempre con los colores propios de su especie. Las crías del pato mandarín o del pavo real presentan generalmente las plumas con los mismos colores y formas que sus progenitores.

La conclusión del artículo es que los factores MsSC son los que permiten que surjan complejos patrones de pigmentos. Sin embargo, aunque esto sea así, no explica qué los hace surgir. Trasladando esta afirmación al ejemplo de la impresora 3D de inyección, sería como decir que dicha impresora permite que surjan fotografías a todo color o páginas de texto. Sí, es cierto, pero ¿de dónde sale la información que hace posible todo eso? Algo superior debe estar controlándolo todo. En el caso de la impresora 3D, es la información inteligente que le llega de un ordenador o computadora manejada por una persona. Sin embargo, ¿de dónde sale la información inteligente que produce la maravillosa diversidad de las plumas de las aves? ¿Cómo saben las células madre de los folículos la cantidad exacta de melanina que deben activar o desactivar en cada preciso instante? ¿Cómo se ponen de acuerdo con las otras células madre de los folículos vecinos para no pasarse en la proporción de melanina o quedarse cortas?

Por otro lado, algunas aves exhiben colores iridiscentes que no dependen de pigmentos sino de la nanoestructura óptica de las plumas. Por ejemplo, los brillantes colores del cuello de algunos colibrís y otras aves tropicales no provienen de las células madre de los folículos ya que se originan a partir de determinados patrones geométricos en la escala de longitudes de onda de la luz. De esta manera se crean interferencias ópticas que intensifican ciertos colores y apagan otros, según sea el ángulo de incidencia de la luz. Pues bien, esta capacidad óptica de las plumas de ciertas especies también debe estar guiada por otros mecanismos de precisión todavía desconocidos, aparte de los que producen melanina. Y esto viene a complicar todavía más las cosas.

Desde la teoría de la evolución, se apela a la llamada "selección sexual" para explicar el rico colorido del plumaje aviar. Los machos poseen generalmente colores más llamativos para atraer a sus posibles parejas. Se puede discutir hasta qué punto los colores del plumaje intervienen en el comportamiento animal, pero, en cualquier caso, la selección sexual presupone la existencia de sofisticados mecanismos celulares en los folículos de las plumas antes de que esta pueda producirse. Sin la existencia previa de las células madre de melanocitos (MsSC) del folículo no es posible ningún tipo de selección sexual. Por tanto, lo único que puede hacer dicha selección es retocar algo que ya existe. Sería como usar el *Photoshop* para modificar ligeramente una imagen anterior que ya había sido creada por alguien. Pero ¿cómo y quién la creó?

La teoría de la selección sexual da cuenta de aquellas especies que presentan un marcado dimorfismo sexual, como el pato mandarín, pero ¿qué ocurre con las especies que no presentan dicho dimorfismo, como los cuervos, las tórtolas o los jilgueros? Se trata de una teoría que se ve obligada a recurrir a hipótesis auxiliares, con lo cual compromete su poder explicativo y, desde luego, no explica ni mucho menos el origen de los mecanismos que producen los colores de las plumas. Además, el rico colorido que muestran los machos de algunas aves, como el pato mandarín, parece excesivo o sobredimensionado para una simple elección de pareja. El gasto energético y el derroche de información sofisticada se muestra como demasiado elevado para la obtención de unos resultados tan pobres que, curiosamente, otras especies solucionan sin dimorfismo sexual.

En las páginas del Antiguo Testamento y en el libro de Job se puede leer: "¿Diste tú hermosas alas al pavo real, o alas y plumas al avestruz?" (Jb 39:13). Este texto tan antiguo refleja algo que la teoría de la selección sexual tampoco puede explicar. Se trata del sentimiento de belleza que el diseño de las aves genera en el alma humana. ¿Por qué la observación y el estudio de estos animales ha sido desde siempre una pasión tan gratificante para los humanos? ¿Qué misterioso arte hay en su diseño para provocarnos semejante atracción? Solo un creador sabio es capaz de generar este arte natural capaz de tocar las fibras de nuestra alma.

26
¿Quién enseña al tejedor?

El macho del pájaro tejedor (*Ploceus cucullatus*) propio de África suele tejer uno de los nidos más complejos que existen (Foto: Wikipedia).

El tejedor común (*Ploceus cucullatus*) es un pájaro africano perteneciente a la familia *Ploceidae*, que construye grandes nidos colgantes en el extremo de las ramas, hechos con hierbas entretejidas. Estos nidos suelen tener la entrada en su parte inferior y se cree que son los más elaborados que existen entre las aves. Se conocen más de 60 especies distintas de tejedores pertenecientes a este mismo género *Ploceus* y repartidas por el África subsahariana, Asia tropical y Australia. Los nidos pueden variar de forma, tamaño, material o técnica de construcción, según sea la especie de tejedor. Aquellas que crían en colonias pueden elaborar nidos conjuntos capaces de albergar hasta 300 parejas en un solo árbol.

La gran variedad de nidos construidos por las aves es algo que ha venido llamando la atención de los naturalistas desde siempre. Incluso existe una disciplina, denominada "caliología" que estudia los refugios, madrigueras o nidos hechos por los animales. Generalmente esta habilidad constructora se ha atribuido al instinto innato de las especies que, aunque algunos individuos puedan mejorar algo a lo largo de su vida mediante imitación, repetición o aprendizaje, debe estar ya prefigurada de antemano en su información genética. ¿Cómo pudo generarse al azar por selección natural dicha información? El propio Darwin admitía, al principio del octavo capítulo de *El origen de las especies,* que: "Muchos instintos son tan maravillosos, que probablemente su desarrollo le parezca al lector una dificultad suficiente para echar por tierra toda mi teoría".[33] A pesar de lo cual, él sí creía que la selección natural podría haber sido la causa de tales instintos. Sin embargo, creer no es lo mismo que demostrar y lo cierto es que hasta el día de hoy –más de 160 años después de Darwin– nadie ha podido explicar de manera satisfactoria cómo ciertos animales son capaces de hacer obras de ingeniería tan fascinantes. Es cierto que existen varias especulaciones al respecto, pero ninguna conclusión formal acerca del origen real del instinto.

Darwin concluyó su capítulo acerca de los instintos con estas palabras: "Finalmente, puede no ser una deducción lógica, más para mi imaginación es muchísimo más satisfactorio considerar (…) no como instintos especialmente creados o donados, sino como pequeñas consecuencias de una ley general que conduce al progreso de todos los seres orgánicos; es decir, que multiplica, varía y deja vivir a los más fuertes y morir a los más débiles".[34] El padre del darwinismo prefería más bien creer que los instintos animales habrían aparecido por evolución –aunque esta no fuera "una deducción lógica"– antes que aceptar su creación especial por un creador sabio. Por mi parte, prefiero creer que fue este último quien enseñó a tejer al pájaro tejedor, de la misma manera que puso eternidad en el corazón del ser humano, "sin que alcance el hombre a entender la obra que ha hecho Dios desde el principio hasta el fin". (Ec 3:11).

---

33 Darwin, 1980, *El origen de las especies,* Edaf, Madrid, p. 255.
34 *Ibid.,* p. 285.

27
La inteligencia de los pulpos

El origen de la inteligencia de cefalópodos como los pulpos sigue siendo todavía un misterio para los zoólogos. Imagen de un pulpo común (*Octopus vulgaris*) tomada en aguas de la Costa Brava mediterránea.

Cuando se habla de animales inteligentes, inmediatamente se piensa en chimpancés, gorilas, perros o delfines, pero no en sepias, calamares o pulpos. Parece lógico que los vertebrados con grandes cerebros posean también mayor inteligencia que aquellos invertebrados portadores de reducidos sistemas nerviosos. Sin embargo, algunos cefalópodos como los pulpos vienen a alterar esta apresurada consideración. Se sabe que estos curiosos animales acuáticos poseen también habilidades cognitivas que resultan inesperadamente sofisticadas y difíciles de explicar. Desarrollan entre sí lazos sociales duraderos, son capaces de usar herramientas, pueden generar fobias o aficiones e incluso planean estrategias para escapar de los acuarios. Algo que, desde luego, está muy relacionado con la inteligencia.

Habitualmente suele decirse que el hecho de tener una mayor inteligencia le resulta útil al pulpo para adaptarse al medio ambiente y sobrevivir mejor. No obstante, aunque esto sea cierto, si tan útil es, ¿por qué no han desarrollado también tal capacidad las demás especies de animales invertebrados? Este es el gran misterio. Si ser inteligente tiene tantas ventajas para la propia supervivencia, ¿cómo es que semejante adaptación no se ha dado también en otros grupos de invertebrados? Lo que se requiere aquí no es tanto una explicación del "por qué" o "para qué" sino sobre todo del "cómo" se produjo esta explosión de sabiduría en unos seres aparentemente tan simples.

Desde el evolucionismo, a la aparición del cerebro y sistema nervioso del pulpo se le considera como una segunda génesis de la inteligencia. Sin embargo, esto plantea una cuestión de difícil solución. Si ya es astronómicamente poco probable que la inteligencia surgiera en los invertebrados por medio de mecanismos naturales al azar, ¿cómo explicar que apareciera también una segunda vez en los animales vertebrados y con un formato neurológico diferente? Apelar el concepto teórico de "convergencia evolutiva" no es explicar cómo pudo ocurrir tan remota posibilidad.

Recientemente se ha publicado una investigación sobre la inteligencia de los pulpos en la que esta se relaciona con unos ácidos ribonucleicos especiales, los llamados "microARN" (en inglés, miRNAs),[35] que poseen en abundancia tales animales. Se trata de un tipo de ARN no codificante, es decir que no es usado en las células para producir proteínas –como el conocido ARN mensajero– sino para regular el funcionamiento de los genes. Estos miRNAs controlan el crecimiento de las células, su diferenciación en diversos tejidos, así como la propia muerte celular. Se ha visto que los pulpos tienen un gran repertorio de miRNAs en su tejido nervioso, lo que les hace parecerse a los vertebrados más que otros moluscos. Por ejemplo, si las ostras presentan solo cinco nuevas familias de miRNAs, los pulpos tienen un total de 90 nuevas familias en el tejido nervioso, sobre todo en el cerebro.

Los pulpos poseen aproximadamente unos 500 millones de neuronas. Esta cantidad es la misma que tiene un perro. Sin embargo, los cefalópodos las poseen no solo en el cerebro central sino también repartidas en los nervios que controlan sus ocho tentáculos. Se puede decir que los cefalópodos presentan nueve cerebros, uno central y ocho periféricos en sus patas. La estructura del cerebro del pulpo es, por tanto, muy diferente a la del cerebro de los mamíferos y además utiliza otros neurotransmisores distintos.

---

[35] Zolotarov, G., Fromm, B., Legnini, I., Ayoub, S., & Rajewsky, N., et al., 2022, MicroRNAs are deeply linked to the emergence of the complex *octopus* brain, *Science Advances*, Vol 8, Issue 47. DOI: 10.1126/sciadv.add9938.

Mediante los tentáculos exploran el entorno, huelen, saborean y deciden sus acciones. Cada tentáculo es capaz de tomar su propia decisión, pero también se coordina perfectamente con las que toman los demás.

La sepia común (*Sepia officinalis*) es otro cefalópodo que ha demostrado ser más inteligente de lo que se creía. Son capaces de cierto autocontrol ya que reconocen, después de algunas señales de sus cuidadores, que si renuncian a un alimento inmediatamente, recibirán otro mejor después.[36]

Son animales capaces de comunicarse entre ellos mediante códigos similares al morse que aún no han sido bien descifrados y esto les hace muy creativos. Pueden elaborar sus propios escondites; solucionar determinados problemas de manera inteligente; sortear dificultades; abrir tapones de botellas; esconderse para cazar al asalto; si están a disgusto, pueden lanzar chorros de agua contra sus cuidadores; ciertos objetos les llaman la atención y los conservan, mientras que otros les disgustan y los destruyen; son juguetones y desarrollan afinidad por ciertos cuidadores, así como odio por otros, etc.

Algunos autores creen que el estudio de la inteligencia de pulpos, sepias y calamares puede ayudarnos a comprender el origen de nuestra inteligencia e incluso de nuestra propia consciencia. Según el evolucionismo, la vida y la mente surgieron en el mar y, por lo tanto, cuando miramos los ojos de un pulpo deberíamos ser conscientes de que tenemos con ellos una

---

[36] https://royalsocietypublishing.org/doi/10.1098/rspb.2020.3161.

historia compartida. Sin embargo, en mi opinión, lo que nos están diciendo los cefalópodos es precisamente todo lo contrario. ¿Cómo pudo la evolución generar al azar el complejo genoma del pulpo, que tiene unos 33 000 genes productores de proteínas, en contraste con los menos de 25 000 del hombre, en una etapa invertebrada supuestamente tan temprana? ¿Cómo es posible que tantos genes específicos de los cefalópodos, algunos de los cuales son capaces incluso de cambiar la función de ciertas proteínas, aparecieran por procesos neodarwinistas ciegos? Apelar a la "evolución de genes novedosos" es como referirse a la magia darwinista vacía de contenido y que no explica nada.

Los cefalópodos son como una pieza distinta que no encaja en el puzle del árbol de la evolución. En cambio, su elevada complejidad es evidencia de un diseño perfectamente calculado que requiere de un Diseñador original.

28
La pulga de agua nos gana en genes

Eran las 11 de la mañana del 27 de diciembre del año 2022. Habíamos llegado a la ansiada balsa de la casa de la Mata, situada a 912 metros de altitud en el macizo de Sant Llorenç del Munt (Barcelona), con la intención de ver su superficie helada. Mis nietas estaban ansiosas por recoger trozos de hielo y lanzarlos sobre el pequeño estanque para ver como resbalaban velozmente, tal como habían hecho años atrás. Sin embargo, este año las condiciones climáticas eran muy diferentes. No había hielo y la transparencia del agua permitía ver pequeños insectos acuáticos, como las ubicuas "notonectas", buceando tranquilamente entre dos aguas, gracias al movimiento de sus enormes patas traseras en forma de remos.

Las niñas se olvidaron pronto del hielo y lo sustituyeron por unos enormes juncos que cortaron y utilizaron para perseguir a las numerosas notonectas, que eran capaces de bucear y también volar fuera del agua. Después de unos minutos de semejante hostigamiento de hemípteros acuáticos, la menor gritó: "¡Aquí hay muchos bichitos juntos!". Acudí a comprobarlo y, en efecto, una nube formada por centenares de animalitos acuáticos blanquecinos, de entre uno y dos milímetros de longitud, nadaba como si fuera un minúsculo banco de sardinas. Tomé una pequeña botella de plástico y aspiré parte de la nube para observarlos de cerca. En realidad, no eran insectos acuáticos sino crustáceos. Se trataba de la conocida pulga de agua dulce del género *Daphnia*, un singular invertebrado planctónico, cuyo genoma ha supuesto una gran sorpresa para los genetistas. ¡Resulta que posee más genes que el propio ser humano! Las personas tenemos unos 23 000 genes, mientras que la pulga de agua (*Daphnia pulex*) posee alrededor de 31 000, pero apiñados en un genoma 15 veces menor que el del hombre. ¿Cómo es posible que un diminuto crustáceo acuático sea más complejo, desde el punto de vista genético, que el ser humano?

El genoma de este microcrustáceo fue secuenciado en el año 2011 y se descubrió que tan elevado número de genes se debe, en parte, a una alta tasa de duplicación que los produce en tándem.[37] Pero esta duplicación de genes no es aleatoria o al azar sino que responde a las diversas necesidades

---

37 Colbourne, J. K. et al., 2011, The Ecoresponsive Genome of *Daphnia pulex*, *Science*, Vol. 331, Issue 6017, pp. 555-561. DOI: 10.1126/science.1197761.

ambientales con las que se pueden encontrar estos animales, tales como depredadores, productos químicos tóxicos, diferencias extremas de temperatura, etc. Es decir, que el ambiente determina qué genes se expresan y cuáles no, según ha descubierto la reciente disciplina de la epigenética. Además, un 36% de los genes de *Daphnia* son exclusivos de estos crustáceos. No existen en ningún otro ser vivo y parecen estar relacionados, como decimos, con una respuesta eficaz a los desafíos ecológicos. Habitualmente suelen reproducirse de manera sexual, pero cuando las condiciones lo exigen pueden clonarse de manera asexual. Todo esto implica una programación previa en su ADN con el fin de solucionar futuros problemas ambientales. Y, como es bien sabido, toda programación requiere un Programador. No existen programaciones al azar capaces de prevenir o anticipar el futuro.

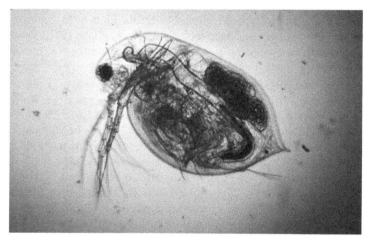

Existen numerosas especies de pulgas de agua dulce, pertenecientes al género *Daphnia*, que son crustáceos planctónicos, cuya presencia en lagos y estanques indica la buena calidad del agua o su poca contaminación por tóxicos artificiales.

Por ejemplo, se sabe que el cadmio es un contaminante muy tóxico para la mayoría de los organismos acuáticos y que también resulta letal para el ser humano. Sin embargo, las pulgas de agua dulce se pueden adaptar pronto a niveles altos de este metal, gracias a una proteína especial que elaboran sus genes en el momento oportuno y lo mismo ocurre con otros contaminantes diferentes. Hasta tal punto semejante comportamiento ha sorprendido a los científicos que ha contribuido, junto a otros, a la creación de esta nueva disciplina epigenética o genómica ambiental, que estudia cómo el medio ambiente interactúa con los genes.

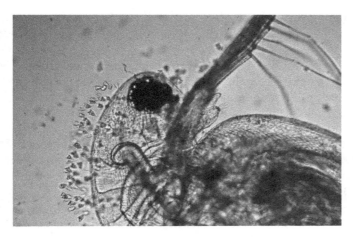

La pulga de agua dulce (*Daphnia pulex*) se alimenta de algas microscópicas. En la imagen pueden verse numerosas vorticelas adheridas a la parte posterior de la cabeza o céfalon de una pulga de agua. Se trata de protozoos fijos o sésiles que se nutren de bacterias y se benefician del movimiento de la pulga.

Otro dato interesante de la pulga de agua es que tiene en común con el ser humano muchos más genes que cualquier otro artrópodo cuyo genoma haya sido estudiado hasta ahora. Es sabido que los gorilas comparten con el hombre entre un 95% y un 99% de sus genes; los chimpancés hasta un 96%; los gatos y los cerdos un 90%; los ratones un 85%; vacas y toros un 80%; perros un 75%; las moscas de la fruta (*Drosophila melanogaster*) un 75% y un vegetal como el plátano hasta un 60%. ¿Significa esto que somos todos esos tantos por ciento simios, gatos, puercos, moscas o bananas? ¿Acaso solo somos aquello que está especificado en nuestros genes o hay mucho más en nosotros que nuestro ADN?

El dogma biológico centrado en los genes, que dominó durante todo el siglo XX, fue la creencia de que la información contenida en el ADN se transcribe al ARN y de este es traducida a las proteínas. Por lo tanto, solamente seríamos el resultado de aquello que está escrito en nuestros genes. Sin embargo, hoy se sabe que esto es solo una verdad a medias que distorsiona la realidad. En las últimas décadas, se ha acumulado suficiente evidencia de que existen complejos sistemas de herencia epigenética capaces de transmitir variaciones no relacionadas con el ADN. Se ha visto que, después que las secuencias de ADN se transcriben a ARN, muchos de estos ARN se modifican y ya no coinciden con la transcripción original.

Esto ocurre mediante el llamado *splicing* o empalme alternativo de ARN en las células con núcleo, que hace que las secuencias de ADN que codifican proteínas estén interrumpidas por segmentos que no codifican proteínas, llamados "intrones". Cuando se transcribe el ADN, estos intrones se incluyen en los ARN mensajeros, pero luego se cortan y desaparecen, con lo cual las regiones que sí producen proteínas se vuelven a unir entre sí. Estas uniones o empalmes se pueden realizar de varias formas alternativas, lo que origina que muchos ARN mensajeros finales tengan secuencias que ya no se corresponden con las que tenía el ADN original. Todo esto se ha estudiado sobre todo en la mosca de la fruta (*Drosophila melanogaster*) y se ha comprobado que los ARN de una secuencia de su ADN pueden generar más de 18 000 proteínas diferentes, por medio de estos empalmes alternativos o *splicing*. Pues bien, esto mismo ocurre también en todas las especies vegetales y animales, incluido el propio ser humano.

Además de semejante corte y empalme alternativo, existe también lo que se ha llamado la "edición del ARN". Se trata de un proceso que se da habitualmente en las células humanas,[38] pero también en otros animales y que consiste en la sustitución de una base nitrogenada por otra en una molécula de ARN mensajero. Esto provoca que el ARN mensajero afectado cambie su secuencia y la de los aminoácidos de la proteína que traduce, pudiendo también cambiar su función. Se estudió a fondo en el calamar costero de aleta larga (*Doryteuthis pealeii*) y se comprobó que en sus neuronas, el ARNm se editaba fuera del núcleo de las células nerviosas, en el llamado axón. Lo cual permite a las especies de calamares adecuar las proteínas que producen al ambiente en que viven, sean las aguas frías de la Antártida o las cálidas de los trópicos.[39] Por tanto, las secuencias de las proteínas así formadas ya no coinciden con la secuencia en el ADN original.

Por otro lado, se sabe que la función de las proteínas depende también de su *forma tridimensional* y que esta no siempre viene especificada por la secuencia de aminoácidos de que está formada. Algunas proteínas adoptan formas en 3D similares, a pesar de tener secuencias de aminoácidos muy diferentes[40] y, al revés, otras proteínas, con formas tridimensionales distintas, resulta que poseen la misma o muy parecida secuencia de aminoácidos. A estas últimas se las conoce como proteínas "metamórficas".[41] Finalmente, las proteínas pueden también *modificarse químicamente por*

---

38   Bahn, J. H., et al., 2015, Genomic analysis of ADAR1 binding and its involvement in multiple RNA processing pathways, *Nature Communications,* Vol. 6, Art. N. 6355.
39   Vallecillo-Viejo, I. C. et al., 2022, Spatially regulated editing of genetic information within a neuron, *Nucleic Acids Res,* 48 (8):3999-4012.
40   Rusell, R. B. & Barton, G. J., 1994, Structural features can be unconserved in proteins with similar folds, *Journal of Molecular Biology,* 244: 332-350.
41   Murzin, A. G., 2008, Metamorphic proteins, *Science,* 320: 1725-1726.

medio de la adición de moléculas de azúcar y cambiar en el tiempo según las necesidades del organismo.[42]

Todo esto significa que la expresión final de la información biológica que portan los genes depende de tantos factores, es tan compleja y cambia tanto que va mucho más allá del ADN. Se puede decir que el antiguo dogma central de la biología de "un gen, una proteína" ha muerto. La creencia de que el genoma contiene toda la información necesaria para formar al organismo es sencillamente falsa. En el ADN de cada ser vivo no reside el secreto de su vida sino que este depende de muchos factores más, algunos de los cuales están todavía por descubrir. Por esto, animales que son muy diferentes, tienen genes de desarrollo similares.

Cuando se dice, por ejemplo, que los chimpancés y los humanos tenemos de un 96% a un 98% de ADN común, y esto se interpreta en el sentido de que ambas especies descenderíamos de un antepasado común, que supuestamente habría vivido hace unos seis millones de años, se olvida que el genoma de ambas especies genera *proteomas* (o conjunto de proteínas de un organismo) muy diferentes. Resulta que ese gran parecido entre el ADN de simios y personas disminuye notablemente a tan solo un 20% de parecido proteico. Dicho de otra manera, el 80% de las proteínas que hacen funcionar el cuerpo humano no tiene nada que ver con las de los demás simios. Conviene recalcar que las proteínas son en realidad las moléculas encargadas de realizar casi todas las funciones biológicas celulares. Esto significa que la información del ADN se expresa de distinta manera según la especie que la posea y el ambiente en que esta viva.

Aunque la pulga de agua dulce nos gane en genes y muchos de ellos se parezcan a los nuestros, esto no significa que descendamos de ellas o de algún simio ancestral. Puede que el materialismo siga creyendo en el determinismo del ADN, pero –tal como se ha dicho– este está lejos de ser el secreto de la vida.

---

42 Spiro, R. G., 2002, Protein glycosylation: Nature, distribution, enzymatic formation, and disease implications of glycopeptide bonds, *Glycobiology*, 12:43R-56R.

29
El pintor de hormigas

El color, los dibujos y las formas que exhibe el cuerpo de los seres vivos están directamente relacionados con la luz y la capacidad de percibirla. Algunas de tales adaptaciones les sirven para camuflarse en el entorno con el fin de no ser descubiertos por sus depredadores o sus posibles presas. Se trata de la denominada *coloración críptica* típica de animales como los insectos palo, camaleones, pulpos, cebras, etc. Así mismo, se da en los ecosistemas la *coloración aposemática* que pretende hacer bien visibles a las especies que la poseen para advertir a las demás de su peligrosa toxicidad. Es el caso de numerosas avispas, arañas, ranas, serpientes, etc. Por su parte, la *coloración mimética* es todo lo contrario ya que la poseen especies inofensivas que imitan el color o aspecto de otras peligrosas para evitar que los depredadores las ataquen. Esto se da, por ejemplo, en moscas que simulan el color de avispas o de otros artrópodos peligrosos.

Un caso sorprendente de esta coloración mimética fue descubierto hace una década en una especie de mosca de la fruta, llamada científicamente *Goniurellia tridens*.[43] Al observar sus alas, se descubre pronto el dibujo de una hormiga en cada una de ellas. Los detalles son precisos y permiten identificar seis patas, dos antenas, una cabeza, un tórax y un abdomen algo más alargado, como el que tienen las verdaderas hormigas.

Aunque se trata de una especie descrita por primera vez en 1910[44], esta mosca de la fruta fue redescubierta en el 2012, en los Emiratos Árabes Unidos, por la entomóloga Brigitte Howarth de la Universidad Zayed en Dubai, quien manifestó que los dibujos de las alas imitan hormigas de manera absolutamente perfecta. Estos insectos dípteros pertenecen a la familia *Tephritidae,* de la que se conocen alrededor de cinco mil especies de moscas de la fruta. Los variados y creativos dibujos de las alas de estas especies han permitido que se las llame vulgarmente "moscas pavo real". Posteriormente, se han encontrado ejemplares también en Palestina,

---

43   https://www-thenationalnews-com.translate.goog/uae/science/fruit-fly-with-the-wings-of-beauty-1.364064?_x_tr_sl=en&_x_tr_tl=es&_x_tr_hl=es&_x_tr_pto=sc.

44   *Goniurellia tridens* (Hendel, 1910) in GBIF Secretariat (2022). GBIF Backbone Taxonomy. Checklist dataset https://doi.org/10.15468/39omei accessed via GBIF.org on 2023-01-07.

Turkmenistán, Uzbekistán, Irán, Pakistán, India e incluso en las Islas Canarias (España).

Ejemplar disecado de mosca de la fruta (*Goniurellia tridens*) en el que se pueden observar los dibujos de sendas hormigas que exhibe en sus alas (https://www.thenationalnews.com/uae/science/fruit-fly-with-the-wings-of-beauty-1.364064).

Perspectiva frontal de la mosca de la fruta (*Goniurellia tridens*) mostrando el dibujo de las hormigas que presenta en las alas
(https://valentinagurarie.files.wordpress.com/2015/09/3-flies.jpg).

Cuando la mosca de la fruta se siente amenazada por algún depredador, mueve sus alas de tal manera que simulan hormigas desplazándose de un lado para otro. Esto suele confundir al depredador durante unos segundos, que pueden ser vitales para que la mosca se ponga a salvo. De manera que cuanto más realistas y perfectos sean los dibujos de las alas, más posibilidades tendrán las moscas de sobrevivir a los ataques de pájaros y reptiles. Las hembras de *Goniurellia tridens* ponen sus huevos sobre plantas de adelfa y otras especies ya que las larvas se alimentan de ellas.

Desde la tesis evolucionista suele decirse que tales dibujos evolucionaron de manera aleatoria o accidental en estos animales hasta hacer que se parecieran a una especie muy distinta como las hormigas. El problema de estas "explicaciones" es que resultan inverosímiles. Se requieren demasiadas mutaciones al azar y la selección natural no da para tanto. Lo único que esta puede hacer es eliminar errores perjudiciales en el ADN, pero no es capaz de producir información que genere cosas nuevas por medio de mutaciones beneficiosas, como hasta ahora se ha venido creyendo.

La asombrosa capacidad que tienen estas moscas de representar hormigas en sus alas, requiere varias acciones diferentes orientadas hacia un fin muy concreto. La primera consiste en reconocer el aspecto general de las hormigas que les rodean. Después hay que provocar los cambios bioquímicos necesarios en las alas para imitarlas o hacerlas semejantes a dicha especie. Todo esto presupone observación del entorno, inteligencia para imitarlo, planificación de los mecanismos necesarios y la acción de llevarlos a la práctica de alguna manera con una finalidad teleológica. Tener una de estas características, pero no las otras, no serviría de nada. Se necesitan todas estas capacidades juntas a la vez y esto es algo que las mutaciones al azar son incapaces de realizar. El número de mutaciones necesarias para hacer que las proteínas cambien desde un organismo sin capacidad mimética en sus alas hasta producir una mosca de la fruta como esta, adquiere proporciones matemáticas astronómicas y requiere demasiado tiempo. La evolución no dispone de tantos millones de años.

Por el contrario, tales adaptaciones singulares de los organismos ponen de manifiesto un diseño inteligente en el origen de todo. La hipótesis de un Dios creador continúa siendo la más lógica. Es menester la acción intencionada de un artista y no la acumulación de accidentes fortuitos ciegos, que supuestamente fueron conservados por la selección natural durante millones de años. No existen pruebas científicas de que esto hubiera podido producirse así. En cambio, sabemos que los diseños inteligentes provienen siempre de una mente.

El apóstol Pablo escribió: "Porque las cosas invisibles de él, su eterno poder y deidad, se hacen claramente visibles desde la creación del mundo, siendo entendidas por medio de las cosas hechas, de modo que no tienen excusa" (Rm 1:20). La incredulidad de algunos seres humanos les hace incapaces de contemplar la grandeza de Dios que les rodea por todas partes. Se trata de una acción deliberada por intentar sustituir al Creador por procesos materiales ciegos e intrascendentes. Sin embargo, no tienen excusa porque la evidencia del Altísimo está por doquier. Solo hay que abrir los ojos, pero sobre todo el alma, ante las múltiples realidades existentes en este mundo y rendirse ante el poder de ese gran pintor de hormigas, que decoró delicadamente las alas de tan singulares moscas. Nuestra oración continúa siendo la misma de siempre: ¡Señor, abre los ojos de los incrédulos para que puedan ver tu luz y descubrir que eres el gran Diseñador con poder incluso para salvarlos de su propio escepticismo!

30
Los complejos cálculos del escorpión de arena

El desierto de Mojave ocupa una superficie de 124 000 km² y está en los Estados Unidos, situado entre California, Utah, Nevada y Arizona. A pesar de ser una zona árida, en él habitan numerosas especies de plantas y animales. Se han identificado alrededor de dos mil vegetales diferentes, entre los que destacan especies singulares como las yucas. Al llegar la noche, este desierto cobra vida y también pueden verse animales como coyotes, pumas, lobos, zorros, tortugas, reptiles, ratas canguro, ratones, gatos monteses, ardillas, conejos, murciélagos y numerosos artrópodos. Entre estos últimos, existe un pequeño arácnido, un escorpión de arena, llamado científicamente *Paruroctonus mesaensis,* que despertó la curiosidad de los físicos por su singular manera de cazar insectos y ha sido muy estudiado.

Los escorpiones (como este *Bothus occitanus* de la imagen, que es común en España) son cazadores nocturnos que apenas ven ni oyen a los insectos de que se alimentan, pero poseen receptores mecánicos y químicos extraordinariamente sensibles, con los que detectan a sus presas.

Hace ya un par de décadas que los aracnólogos se dieron cuenta de cómo cazaban estos pequeños escorpiones del desierto de Mojave. A pesar de que sus capacidades visuales, olfativas y auditivas están muy reducidas y les resultan insuficientes para atrapar presas, de alguna manera consiguen cazarlas con una sorprendente habilidad y eficacia. Se ha comprobado que cuando un insecto se aproxima a medio metro de distancia del escorpión, este detecta las vibraciones producidas por la posible presa en la arena, determina la dirección en que se encuentra y después calcula la distancia a la que está para lanzarse a capturarla. Los investigadores pudieron comprobar que durante la noche, cuando las mariposas nocturnas o polillas revoloteaban alrededor de las luces artificiales que ellos portaban, y casualmente tocaban la arena próxima a un escorpión, este reaccionaba inmediatamente moviéndose hacia el insecto y atrapándolo. Sin embargo, el vuelo de las polillas no llamaba su atención incluso aunque estas se movieran a pocos centímetros de él.

En la introducción al capítulo "Ondas" de un libro de texto de física, popular en Estados Unidos, se analiza la complejidad de este mecanismo de caza propio de los escorpiones del desierto de Mojave.[45] Como todos los arácnidos, estos artrópodos poseen cuatro pares de apéndices ambulacrales o patas que, cuando están apoyados en el suelo, constituyen una especie de círculo más o menos irregular. Es a través de estos ocho puntos que el animal detecta las mínimas vibraciones del suelo. Puede notar pequeños temblores en la arena de tan solo un ángstrom de amplitud, producidos por las presas. Esto es poquísimo ya que se trata del tamaño que tiene un solo átomo de hidrógeno.

Los investigadores Philip H. Brownell de la Universidad Estatal de Oregón y Leo van Hemmen de la Universidad Técnica de Munich demostraron que los escorpiones descubren la dirección en que se encuentran las presas, comparando las diferencias de tiempo producidas por la perturbación al llegar a cada pata.[46] Cada una de las patas posee en su extremo un receptor sensible a las vibraciones del suelo (*sensilla peg*). Las patas más cercanas a la presa detectan las señales antes que las otras y esta diferencia de microsegundos les resulta suficiente para calcular la dirección real. Semejante capacidad de orientación tan rápida es realmente sorprendente, sobre todo en unos animales que hasta ahora se consideraban relativamente simples y primitivos.

---

45 Halliday, D., Resnick, R. & Walker, J., 2000, *Fundamentals of Physics*, 6th Edition, Wiley. ISBN 10: 0471320005.
46 Brownell, Ph. H. & Hemmen, L., 2001, Vibration Sensitivity and a Computational Theory for Prey-Localizing Behavior in Sand Scorpions 1, *American Zoologist*, 41(5):1229-1240. DOI:10.1668/0003-1569(2001)041[1229:VSAACT]2.0.CO;2.

De la misma manera, para saber la distancia a que se encuentra la presa, los escorpiones analizan dos tipos de ondas acústicas superficiales que viajan a través de los materiales sólidos. Se trata de las "ondas de Rayleigh" transversales, conocidas por ser parte de las ondas sísmicas que se producen en los terremotos, y de las "ondas de compresión longitudinales". Como cada una de estas ondas se propaga a distinta velocidad por la arena del desierto, los escorpiones controlan los diferentes tiempos de llegada de tales vibraciones para calcular la distancia exacta a la que se encuentra la presa. Si esta se halla a unos 15 cm de distancia o menos, el ataque casi nunca suele fallar. El depredador atrapa rápidamente a la presa, la inmoviliza con la neurotoxina que posee en su aguijón y la consume poco a poco.

¿Cómo es posible que estos pequeños escorpiones nocturnos del desierto de Mojave hayan podido desarrollar una sensibilidad tan exquisita en el extremo de sus patas para detectar las vibraciones que producen los insectos en la arena seca? ¿Quién les ha enseñado a calcular tan rápidamente la dirección y la distancia de las presas? Para hacer lo que hacen y sobrevivir en el desierto necesitan disponer de unos sensores especiales en las patas con una extraordinaria sensibilidad a nivel atómico para detectar vibraciones. Tienen que saber discriminar tales vibraciones entre ondas longitudinales y transversales, así como en intervalos de microsegundos. Todo esto tuvo que funcionar bien desde el principio pues, de no ser así, los escorpiones no hubieran podido sobrevivir en dicho ambiente.

Desde el darwinismo, que supone que toda estas capacidades físicas y órganos complejos se formaron gradualmente mediante mutaciones al azar, seleccionadas por el ambiente, no es posible explicar semejante complejidad irreductible. Sin inteligencia y diseño definitivo de tales estructuras no puede darse tal eficacia y perfección. A mí me parece que es más lógico creer en una planificación previa y especial de ingeniería biológica, llevada a cabo por el Creador de todas la cosas. De ahí que resulte tan difícil para la ciencia explicar cómo semejantes órganos y estructuras biológicas pudieron originarse por puro azar.

31
Los cuervos y la inteligencia animal

Según el refranero español, quien cría cuervos se arriesga a que posteriormente, cuando estos crezcan, le saquen los ojos. Al parecer, esta leyenda nació en el siglo XV cuando el entonces Conde de Castilla, don Álvaro de Luna, salió a cazar con unos amigos y se toparon con un mendigo ciego y hambriento. En vez de ojos, aquel pobre desgraciado tenía dos cicatrices que le desfiguraban el rostro. Cuando el Conde le preguntó por el origen de tales heridas, el mendigo explicó que durante tres años había estado alimentando a una cría de cuervo que se encontró en el bosque y que, después de nutrirla bien y de tratarla con mucho cariño, al llegar esta a adulta, un buen día saltó a sus ojos picándole y dejándolo ciego. Al oír esto, el Conde miró a sus amigos y les dijo: "veis, criad cuervos para que luego os saquen los ojos". Esta frase pasó a la historia para indicar la ingratitud de aquellos que no devuelven los favores prestados sino que incluso dañan a quienes les ayudaron.

Es poco probable que los cuervos sean así de ingratos. Lo que sí se sabe es que son muy inteligentes. Hacen cosas que sorprenden a los estudiosos del comportamiento animal, como echar piedras a un cubo con poca agua para que esta ascienda de nivel y así ellos puedan beberla; retuercen ramitas a modo de gancho y las usan como herramientas para obtener orugas y otros insectos, incluso guardan tales herramientas en algún escondite seguro; juegan sobre la nieve improvisando pequeños toboganes sobre los que se deslizan por puro placer; son capaces de identificarse a sí mismos delante de un espejo, algo que ni los osos saben hacer; cuando fallece algún congénere, se reúnen alrededor de él como si quisieran despedirse o averiguar las causas de la muerte; también se les ha visto lanzar nueces sobre los pasos de cebra de las ciudades y esperar a que estas sean aplastadas por las ruedas de los autos, para bajar inmediatamente a comérselas, etc. Algunos científicos creen que el conocimiento causa-efecto de estas aves es parecido al de un niño de 5 años.

Su cerebro es del tamaño de una nuez, pero en relación al cuerpo resulta bastante grande. Tiene una elevada densidad neuronal así como una alta complejidad estructural, lo que sugiere que su inteligencia podría igualarse a la de los chimpancés.⁴⁷ Si esto es así, plantea otro serio inconveniente para la explicación darwinista acerca del origen de la inteligencia. Esta supone que los córvidos y los simios divergieron en la línea evolutiva hace más de 300 millones de años. Sin embargo, los dos grupos animales han desarrollado capacidades cognitivas complejas similares.

Es decir, al problema del origen de la inteligencia en los mamíferos por evolución o mutaciones al azar, hay que añadirle un segundo problema sobre el origen de la inteligencia en las aves, por no hablar del origen de la misma en invertebrados cefalópodos como los pulpos. Si ya resulta muy poco probable que esta apareciera así, al azar y de manera natural, una sola vez, el problema matemático habría que multiplicarlo al menos por tres. Pero, como no hay explicación para ello, se apela a subterfugios como la llamada "convergencia evolutiva" a lo largo de millones de años o de que el medio les supuso a los tres grupos unas "presiones sociales similares" y por eso floreció varias veces la inteligencia. Es decir, explicaciones absolutamente vacías de contenido e indemostrables porque, en realidad, nadie sabe cómo pudo la materia inerte dar lugar a la inteligencia ni, mucho menos, a la conciencia. Se trata de un gran acto de fe exigido por la teoría evolutiva.

Tomé esta imagen de un cuervo silvestre, a tan solo un metro de distancia, en el Parque Nacional de la Caldera de Taburiente (La Palma, Islas Canarias). El animal se ha acostumbrado tanto a la presencia de turistas que se deja fotografiar a muy poca distancia. Su inteligencia le dicta que no debe tener miedo de estos humanos y, como recompensa, siempre encuentra algún resto de comida que cae al suelo o le ofrecen directamente.

---

47 https://www.nationalgeographic.com.es/ciencia/actualidad/verdad-sobre-inteligencia-cuervos_13819.

Es evidente que todas las formas de vida presentan algún tipo de inteligencia e intencionalidad, por mínima que sea. Podemos conocer tales inteligencias por los efectos que producen, de la misma manera que conocemos la gravedad por sus efectos, aunque no comprendamos demasiado bien qué es en realidad, de qué está hecha o cómo se originó.

A un elefante, por ejemplo, se le puede enseñar a pintar con su trompa. Es capaz de dibujar una flor, un árbol o una silueta de sí mismo, pero él no es consciente de ser pintor, de lo que es el arte o de lo que ello supone para los humanos.[48] Simplemente reproduce unos trazos con precisión que le han sido enseñados por sus cuidadores. No es arte lo que hace sino un truco inculcado a fuerza de pequeñas recompensas, con el fin de que sus dueños obtengan ciertas ganancias de los turistas. Ningún elefante en libertad pintaría jamás un cuadro, por la sencilla razón de que ellos no inventaron la pintura ni esta les interesa para nada. Lo que procuran los entrenadores de estos elefantes pintores que viven en cautividad es enseñarles a hacer un dibujo y obligarles a reproducirlo –siempre el mismo– delante de los turistas. Por supuesto, esta capacidad de imitación demuestra cierta inteligencia por parte de estos animales.

Imagen tomada en Chiang Mai, al norte de Tailandia, en un campo de adiestramiento de elefantes llamado "Maesa Elefant Camp" (https://blogs.lavozdegalicia.es/mundoexotico/2011/10/14/chiang-mai-tailandia-"los-elefantes-pintores"/).

---

48   https://www.dailymail.co.uk/sciencetech/article-1151283/Can-jumbo-elephants-really-paint--Intrigued-stories-naturalist-Desmond-Morris-set-truth.html.

También a los chimpancés se les ha motivado y proporcionado materiales para que pinten. Sin embargo, estos, a pesar de que parecen disfrutar llenando de colores y garabatos el lienzo, nunca representan nada concreto. Se podría decir que su estilo es abstracto, no figurativo y, desde luego, no muestran la capacidad de imitación de los elefantes. Quizás porque sus cerebros no funcionan de la misma manera y su inteligencia se orienta en otras direcciones. Esto nos indicaría que cada cerebro animal está especialmente diseñado para permitir la vida de la especie en su entorno adecuado.

Solo el ser humano es capaz de crear verdadero arte, pero también de enseñar a los animales a hacer cosas que estos, por su propia naturaleza, nunca harían. De ahí la responsabilidad que tenemos sobre el resto de la creación. Cuando el salmista se pregunta acerca de la identidad del ser humano: ¿qué es el hombre? Llega a la conclusión de que el Creador lo coronó como señor de la creación, no como una especie más.

Le has hecho poco menor que los ángeles,
Y lo coronaste de gloria y de honra.
Le hiciste señorear sobre las obras de tus manos (Sal 8:5-6).

32
El pez del hielo

El primer ejemplar de draco o pez-hielo fue descubierto por el zoólogo noruego Ditlef P. S. Rustad, a finales de 1927, cerca de la costa de la Antártida. Se trataba de un pez raro ya que carecía de escamas, era prácticamente translúcido, tenía una enorme boca y sus branquias no eran rojizas como las de la mayoría de los peces sino blanquecinas. Tampoco tenía roja la sangre sino que esta era transparente. Desde esa fecha, se han venido descubriendo muchas más especies de este tipo de peces (hasta 17) pertenecientes todas a la familia *Channichthyidae*, que se distribuye por el sudeste de Sudamérica y el océano Antártico.

Lo más singular de tales peces marinos es que son los únicos vertebrados –entre las casi 50 000 especies conocidas– que carecen de glóbulos rojos y hemoglobina en su sangre. Esta característica les permite vivir en las gélidas aguas sin morir por congelación. Pueden sobrevivir a 0° C en el Antártico y a la vez mantener la viscosidad de su sangre transparente casi al mismo nivel que la sangre humana (unos 3,27 centipoises).[49] Es sabido que a 0° C la sangre humana alcanza una viscosidad que no resulta compatible con la vida. El oxígeno que requieren las células de estos peces les llega también a través del plasma sanguíneo, pero solo en una proporción mínima del 10% de la que existe en la sangre de los demás peces con hemoglobina. Para compensar esta pequeña proporción, tienen corazones, vasos sanguíneos y capilares mucho más grandes que los otros peces. El diámetro de tales vasos puede ser de 2 a 3 veces superior al de los demás peces. Estas redes de vasos son también más densas y mueven un mayor volumen de sangre.

Todas estas características juntas hacen posible una circulación de alto rendimiento, elevada velocidad, baja presión sanguínea y pequeña resistencia, a temperaturas bajo cero. Tales condiciones se logran gracias a que en estos peces la ubicua hemoglobina de la mayoría de los vertebrados –que trasporta oxígeno vital– no existe sino que en su lugar hay otra proteína anticongelante, una glicoproteína denominada *AFGPs*.

---

49 Hargens, A. R., 1972, Freezing Resistance in Polar Fishes, *Science*, Vol. 176, Issue 4031, pp. 184-186. DOI: 10.1126/science.176.4031.184.

El primer pez de hielo de la especie *Chaenocephalus aceratus* fue descubierto en aguas de la Antártida en 1927 (Foto: The Scientist).

Desde el darwinismo, se sugiere que al principio estos peces del hielo debían tener hemoglobina, como los demás peces, pero que quizás los genes que proporcionaban tal proteína podrían haberse perdido como consecuencia de alguna mutación fortuita, en un momento en que su hábitat era muy rico en oxígeno y de esta manera se habrían adaptado al frío. Sin embargo, esta explicación resulta poco satisfactoria frente a la compleja fisiología general que evidencian los peces draco. Todo en estos curiosos animales parece como un traje a medida hecho exclusivamente para ellos y para sus necesidades específicas. Cada una de sus partes está perfectamente optimizada para vivir en aguas muy frías.

Por tanto, es muy poco probable que tales características bioquímicas sean el resultado de una mutación aleatoria. Apelar a una pérdida casual de genes no explica la aparición o activación de otros muchos genes relacionados con la glicoproteína *AFGPs,* el mayor tamaño del corazón, la viscosidad de la sangre, el incremento de vasos y capilares sanguíneos, etc. La adquisición simultánea y coordinada de esto tuvo que estar presente y funcionar bien desde el principio ya que, si algo hubiera faltado, los peces del hielo no habrían podido sobrevivir y esto es inconsistente con el darwinismo, que propone un desarrollo lento y gradual de pequeños cambios. En mi opinión, estos curiosos animales constituyen una clara evidencia de diseño inteligente, previsión y perfecta adecuación al entorno.

33
El salmón: un todoterreno acuático

Los salmones son peces que pueden vivir tanto en las aguas saladas del mar como en las dulces de los ríos. Existen dos grandes géneros: el salmón del Atlántico o europeo (*Salmo sp.*) del que se conocen más de 40 especies distintas y el salmón del Pacífico (*Oncorhynchus sp.*) con 17 especies bien establecidas. A los peces capaces de vivir en aguas con una diferencia de salinidad tan grande, y sin que se vea amenazado su metabolismo, se les llama "eurihalinos", término que significa "amplia tolerancia a la sal". No obstante, la mayoría de los peces no soportan tales cambios. Las sardinas, por ejemplo, no pueden vivir en los ríos, ni las carpas en el mar, de ahí que se les denomine "estenohalinos". ¿Cómo consiguen los salmones realizar semejante proeza? El secreto reside en su capacidad de osmorregulación.

Ejemplar de salmón del Atlántico (*Salmo salar*) (Wikipedia).

Para entender bien dicha capacidad es menester comprender primero los conceptos de "ósmosis" y de "presión osmótica". Se llama ósmosis a la difusión pasiva que experimenta el agua al pasar, a través de una membrana semipermeable como es la membrana de las células, desde una solución más diluida a otra más concentrada. Mientras que la presión osmótica es la que resulta necesaria para detener dicho flujo de agua. Las células de los peces y demás seres vivos deben permanecer en equilibrio osmótico, es decir a la misma presión osmótica, que los líquidos que las envuelven.

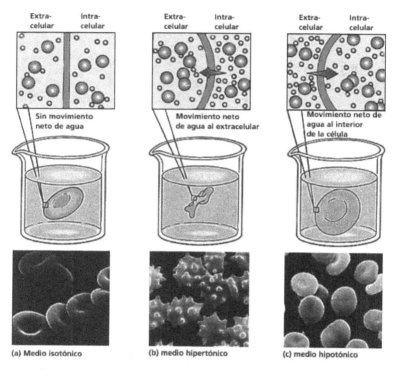

(a) Medio isotónico   (b) medio hipertónico   (c) medio hipotónico

Las células de los seres vivos se desarrollan en medios isotónicos (a). Esto significa que existe la misma presión osmótica dentro y fuera de la célula y que no hay movimiento de agua a través de la membrana. Si se introdujera, por ejemplo, una carpa de agua dulce en el mar, que es un medio hipertónico (b), sus células se arrugarían y perderían agua porque la concentración salina del agua marina es superior a la del interior celular. Se produciría la muerte por deshidratación (plasmólisis). Y, al revés, si se introdujera una sardina en un río de montaña, un medio hipotónico (c), las células de esta, al tener una concentración salina superior a la del agua circundante, tenderían por ósmosis a absorber agua del río, se hincharían y reventarían (turgescencia) (Wikipedia).

Pues bien, los salmones tienen que controlar muy bien la presión osmótica de sus células, así como de los fluidos corporales y los iones, cada vez que viajan desde el agua dulce a la salada y viceversa. Esto requiere un cierto tiempo de aclimatación antes de emprender las migraciones. Los jóvenes salmones empiezan primero bebiendo mucha agua dulce del río. Después, sus riñones reducen bruscamente la producción de orina y, en tercer lugar, las bombas moleculares de iones sodio (Na^+) de las membranas de las células branquiales se invierten, bombeando sodio hacia afuera, en vez de hacia adentro. Todo esto volverá a cambiar cuando el pez sea adulto en el mar y deba remontar el río para aparearse y desovar.

Antiguamente, cuando se desconocían todos estos cambios fisiológicos que experimentan los salmones y se pretendía criarlos en cautividad para el consumo humano, se producían grandes mortalidades en las piscifactorías. Hoy se ejerce un control estricto de la transición del agua y se va cambiando paulatinamente desde dulce a salada y al revés en el momento oportuno para adecuarla a las necesidades de los animales. Lo más interesante de tales cambios metabólicos es que dependen de una minúscula máquina molecular que debió funcionar bien desde el principio para que los salmones pudieran sobrevivir. La osmorregulación de estos peces constituye otro ejemplo de diseño irreductiblemente complejo.

En efecto, sus branquias contienen unas células modificadas, cuyas membranas poseen numerosas de estas máquinas liliputienses, llamadas "bombas sodio-potasio" que son enzimas ATPasa. Estas estructuras bombean iones de potasio (K^+) hacia adentro de la célula y a la vez bombean iones de sodio (Na^+) hacia afuera, con lo cual se mantienen las necesarias diferencias de concentración y de voltaje eléctrico a través de la membrana. La mayoría de las células animales gastan una quinta parte de su energía en hacer funcionar estas bombas.

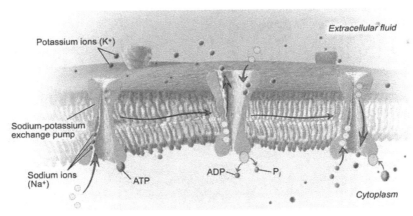

Esquema en el que se observa cómo actúan las bombas sodio-potasio a través de la membrana celular (https://www.hsnstore.com/blog/suplementos/rendimiento-deportivo/bomba-sodio-potasio-que-es-y-como-funciona-suplementacion-intra-y-post-entrenamiento/).

Como el agua dulce es baja en sodio, los salmones –cuando son jóvenes y nadan río abajo en dirección al mar– necesitan bombearlo activamente hacia el interior de sus células. Sin embargo, al llegar al océano, se encuentran con un agua muy rica en sodio, lo que requiere que lo bombeen en sentido contrario, hacia el exterior celular. De manera que estas bombas son tan sofisticadas que pueden invertir el sentido de su funcionamiento. Cada bomba mueve en un solo ciclo tres iones de sodio por dos de potasio, en contra de un gradiente de concentración, y en dicho transvase gasta una molécula de ATP. Los detalles, las moléculas y las células implicadas son por supuesto mucho más complejos de lo explicado aquí, pero lo cierto es que todas estas máquinas funcionan en el salmón a una extraordinaria velocidad y de forma coordinada.

Además de esta complejidad, los peces deben poseer de antemano el instinto necesario para comportarse de manera adecuada y no viajar al mar antes de tiempo o ascender prematuramente por los ríos ya que los fluidos corporales y las concentraciones de iones tienen que ser precisas en cada momento para permitir que músculos, nervios, sentidos y todos los demás sistemas funcionen a la perfección. Si a esto se añaden las características de su ciclo biológico, su sentido de la orientación, su olfato, etc., resulta que la fuerte impresión de diseño de los salmones se manifiesta de manera notable.

Y aquellas vetustas palabras de Job me vienen a la mente de forma recurrente:

Pregunta ahora a las bestias, y ellas te enseñarán;
a las aves de los cielos, y ellas te lo mostrarán;
o habla a la tierra, y ella te enseñará;
los peces del mar te lo declararán también.
¿Qué cosa de todas estas no entiende
que la mano de Jehová la hizo? (Job 12:7-9).

34
El singular diseño del ornitorrinco

El ornitorrinco es un mamífero australiano tan extraño que cuando los europeos lo vieron por primera vez, en el siglo XV, creyeron que era una falsificación, el producto de una broma pesada. Pensaron que alguien había cosido el pico de un pato al cuerpo de un mamífero parecido a un castor. Esto ocurrió cuando el segundo gobernador de Nueva Gales del Sur, el capitán John Hunter, envió la piel de un ejemplar a Gran Bretaña. Años después, en 1799, el médico y zoólogo George Shaw hizo la primera descripción científica del animal para la revista *Naturalist's Miscellany*, en la que reconoció que era natural haber mostrado dudas ante un ser tan extraordinario.[50]

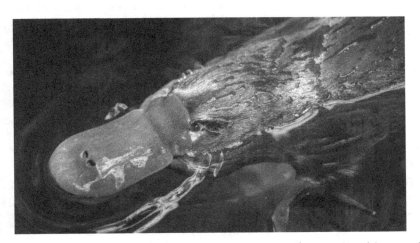

El ornitorrinco (*Ornithorhinchus anatinus*) es un mamífero semiacuático propio del este de Australia y de la isla de Tasmania, que posee un enorme pico blando y muy sensible a las vibraciones electromagnéticas que emiten los invertebrados de agua dulce de que se alimenta (Imagen: *Ornithorhynchus anatinus*, by Goddard Photography, via EurekAlert!).

50 https://www.researchgate.net/publication/268077084_The_Naturalist%27s_Miscellany_by_George_Shaw_1789-1813_an_assessment_of_the_dating_of_the_parts_and_volumes.

Lo cierto es que se trata de un mamífero muy singular perteneciente al orden de los monotremas. Esta palabra significa "un solo orificio" ya que sus aparatos digestivo, excretor y reproductor desembocan en el mismo orificio, llamado cloaca. Los otros monotremas conocidos son los equidnas, de los que se han descrito cuatro especies distintas, actualmente vivas y con el cuerpo cubierto de espinas. No obstante, el pelaje del ornitorrinco es suave y está adaptado a la vida acuática. Las hembras ponen huevos como las aves, pero amamantan a sus crías como los mamíferos. Los machos presentan un espolón defensivo en las patas traseras que posee un veneno parecido al de los reptiles que, aunque no es mortal para los humanos, si puede causar un agudo y persistente dolor. Recientemente se le han descubierto propiedades antidiabéticas a dicho veneno.

El largo y redondeado pico de los ornitorrincos recuerda al de los patos. Esta última característica es la que se tuvo en cuenta para ponerle el nombre científico. En efecto, *Ornithorhinchus* deriva de una palabra griega que significa "hocico de pato", mientras que *anatinus* quiere decir en latín "semejante a un pato". Además poseen cola como los castores y extremidades similares a las nutrias. Todo un conglomerado de propiedades típicas de otros animales muy distintos y que convierten a los ornitorrincos en un auténtico mosaico zoológico. Sin embargo, no están a medio camino de transformarse en ninguna otra especie. No son medio reptiles, ni medio aves, ni medio mamíferos sino una especie única y exclusiva que evidencia un diseño propio y adecuado para llevar el tipo de vida que lleva.

El análisis del genoma de estos animales —como era de esperar— ha puesto de manifiesto que poseen genes productores de veneno similares a los de los reptiles, otros que producen leche parecidos a los propios de los mamíferos, aunque sean ovíparos. Sin embargo, también tienen muchos otros genes que están directamente relacionados con la particular biología del ornitorrinco.[51] Desde la perspectiva evolucionista, siempre se está intentando comparar los distintos genomas de los organismos para construir hipotéticas filogenias evolutivas. Sin embargo, este animal refleja un diseño único y singular difícil de asimilar a una determinada filogenia.

Lo que se suele hacer en biología evolutiva es descubrir la codificación genética de ciertas proteínas básicas presentes en una especie. Cuando se tiene esta información que identifica determinados genes de un organismo, se introduce en el ordenador o computadora. Después, si se desea compararla con la de otra especie diferente, se incluye también su genoma en la computadora y esta busca velozmente tramos parecidos en el ADN del nuevo organismo. Gracias a una sofisticada programación matemática,

---

51 Warren, W. C. et al., 2008, Genome analysis of the platypus reveals unique signatures of evolution, *Nature*, 453, 175-183.

el ordenador decide qué secuencias son lo suficientemente parecidas para pertenecer al mismo gen y que otras no lo son. De esta manera se pueden comparar genomas de muchos organismos con la intención de descubrir sus posibles relaciones evolutivas. Lo que se asume en todo este proceso es que si dos especies presentan los mismos genes es porque ambas descienden de un antepasado común. Siempre se ha pensado que los monotremas eran animales muy primitivos, sin embargo el genoma del ornitorrinco ha revelado cosas sorprendentes que no encajan en dicha preconcepción.

Cuando el animal bucea en busca de invertebrados cierra los ojos, los orificios nasales y los oídos. ¿Cómo se orienta entonces? Desde mediados de los 80, se sabe que el ornitorrinco es capaz de reaccionar bajo el agua a campos eléctricos débiles porque posee en su pico unos 40 000 sofisticados electrorreceptores. Localiza a sus pequeñas presas, en parte, gracias a las leves corrientes eléctricas que estas generan al moverse y es capaz de saber a qué distancia están, si se mueven o permanecen inmóviles enterradas en el sedimento del fondo. Además de estos electrorreceptores, en el pico hay también mecanorreceptores que detectan débiles presiones del agua y receptores vomeronasales que son neuronas capaces de estimularse con los olores químicos. La mayoría de los genes que poseen la información para generar tales receptores eléctricos, táctiles y químicos son únicos del ornitorrinco y no se han podido equiparar a los de ninguna otra especie.

Los ornitorrincos se alimentan de invertebrados que atrapan gracias a los múltiples receptores eléctricos, mecánicos y químicos que poseen en su pico. (https://www.nationalgeographic.com.es/naturaleza/ornitorrincos-desvelan-secretos-sobre-evolucion-mamiferos_16297).

Lo que evidencia su genoma no es un cóctel de ADN que lo relaciona con reptiles, aves y mamíferos —como a veces se dice— sino más bien un conjunto de atributos inusuales y únicos, maravillosamente integrados en una anatomía singular que funciona a la perfección. Es verdad que algunas características pueden recordarnos a las aves y a los reptiles, pero se trata en realidad de parecidos meramente superficiales. En cuanto al veneno, por ejemplo, desde el evolucionismo se admite que el de los reptiles actuales nada tiene que ver con el de los ornitorrincos ya que supuestamente ambos habrían aparecido por convergencia evolutiva. Algo imposible de demostrar y que multiplica los problemas.

Recientemente se le ha descubierto también al ornitorrinco su capacidad de biofluorescencia.[52] Es decir, que su pelaje adopta un brillo verdoso azulado bajo la luz ultravioleta (UV). Esto ha desconcertado a los científicos pues se desconoce cuál podría ser su utilidad y además, semejante característica se observa también en otros mamíferos muy diferentes, tales como la zarigüeya (que es un marsupial) y las ardillas voladoras (que son euterios o placentarios). ¿Cómo se explica esto? Lo que se dice habitualmente es que si estos tres grupos de mamíferos, tan dispares, han logrado mantener este rasgo durante 150 millones de años sin cambios aparentes, debe ser porque los genes responsables del pelaje biofluorescente son muy importantes. Pero, si tan importantes son, ¿cómo es que no sabemos para qué sirven? Y si esta explicación no satisface, se recurre de nuevo a la evolución convergente. Puede que las zarigüeyas, las ardillas voladoras y los ornitorrincos adquirieran su pelo brillante de manera independiente. Es decir, que el premio gordo de la lotería de las mutaciones al azar tocó tres veces seguidas en grupos diferentes. Nos parece que tales "explicaciones" no pueden justificar la hipótesis de que el ornitorrinco evolucionara de otra especie animal mediante un proceso aleatorio.

El estudio genético de estos animales ha revelado asimismo que sus cromosomas sexuales son únicos. Los mamíferos suelen tener solo dos (las hembras XX y los machos XY), sin embargo los ornitorrincos tienen diez cromosomas sexuales y son los únicos animales conocidos que poseen esa cantidad, mientras que otros monotremas como los equidnas tienen también nueve. Esto hace que todavía no se conozca bien el proceso de determinación del sexo de tales animales. Por tanto, desde la perspectiva del diseño, se trata de una especie verdaderamente única que fue creada con un estilo de vida único, pero muy eficaz. Nada de todo esto parece primitivo o poco evolucionado sino más bien sugiere un diseño especial hecho con delicadeza y exquisita sabiduría.

---

52 https://www.nationalgeographic.es/animales/2020/11/los-ornitorrincos-son-biofluorescentes.

35
El mejor amigo

Cada vez que miro cómo juega mi nieto con su pequeño perro salchicha, un "tekel" negro o "dachshund" alemán, –llamado mucho más familiarmente "Paco"– me convenzo de la famosa afirmación de que el canino es el mejor amigo del ser humano. Se persiguen, esquivan y esconden detrás de los muebles. Cuando Paco muerde un juguete, se lo lleva velozmente y no quiere soltarlo, aunque el niño tire con fuerza del mismo. Si este pierde interés en el juego y se embelesa con otra cosa, el can se le acerca silencioso y le deja el objeto perseguido en el suelo junto a él, con la evidente intención de tentarle a proseguir el juego. Al quedar Bruno vencido por el sueño sobre el sofá, pronto se oye también la pausada respiración del perro, durmiendo enroscado junto a los pies del niño. Es una relación perfecta de entendimiento que se repite cada día y sugiere la idea de que estos animales parecen diseñados para ser compañeros y ayudantes de las personas. Ningún otro animal presenta tantas afinidades con los seres humanos.

Actualmente la Federación Cinológica Internacional reconoce la existencia de al menos 400 razas de perros por todo el mundo. Sin embargo, este número va aumentando de año en año debido a la selección artificial de rasgos y mutaciones nuevas, practicada por el ser humano. Semejante microevolución constituye una evidencia de la riqueza genética que poseía la especie canina original. En España, después de la pandemia del coronavirus, se ha disparado la adquisición de mascotas y concretamente el números de perros registrados ha aumentado un 38% en los tres últimos años. Según la Asociación Nacional de Fabricantes de Alimentos para Animales de Compañía, en los hogares españoles habría ya unos 9,3 millones de canes.[53] El doble de mascotas que de niños. En otros países, como en los Estados Unidos, viven 77 millones de perros, lo que supone 1,6 en cada hogar. El número de personas en el mundo superó los 8000 millones durante el mes de noviembre del 2022, mientras que los perros se acercan a los mil millones. ¿Por qué tienen tanto éxito estos animales entre los humanos?

Probablemente porque están genéticamente programados para estimar incondicionalmente a sus dueños. Son capaces de protegerles ferozmente

---

[53] https://www.informacion.es/medio-ambiente/2023/01/09/espana-suma-15-millones-mascotas-68542763.html.

ante los extraños y no tienen reparos en mostrar siempre su afecto. Se comportan con lealtad, son obedientes, entrañables y pueden trabajar incansablemente si se les enseña. Es verdad que a veces algunos ejemplares de determinadas razas consideradas potencialmente peligrosas, como los pitbull, atacan a las personas, pero todo tiene que ver con la mala crianza o educación de estos perros. Si no se les ha socializado correctamente pueden dar rienda suelta a alguna tendencia genética agresiva. No obstante, según los expertos, esto es casi siempre responsabilidad humana.

Los perros y las personas han venido siendo compañeros desde la historia más antigua que se haya registrado. En la edad de piedra, muchos canes eran enterrados junto a sus propietarios cuando estos fallecían, hace más de 10 000 años. Es evidente que tal práctica tenía motivaciones religiosas y pretendía que los dueños se pudieran llevar sus perros al más allá. Todavía hoy muchos creyentes se preguntan si sus mascotas irán al cielo. Según el actual pontífice católico de Roma, el papa Francisco, existe un paraíso para los animales[54] porque todo ha sido creado por la mente y el corazón de Dios y, por tanto, todo será también partícipe de su gloria final. Sin embargo, como la Biblia no dice nada concreto al respecto, se trata de una cuestión que permanece abierta.

Se ha señalado que tener un perro proporciona varios beneficios para la salud humana de sus dueños. A largo plazo, el trato con estos animales puede reducir la presión arterial y el colesterol del cuidador ya que le obligan a realizar ejercicio físico cada día. Cuando se les acaricia frecuentemente, se reducen los indicadores cardiovasculares, conductuales y psicológicos de la ansiedad, así como el estrés humano. Algunos perros bien entrenados son capaces de detectar tumores en las personas. Entienden las emociones humanas ya que pueden procesar las palabras que se les dicen y la entonación de las mismas. Poseen cierta empatía con sus dueños y se contagian de su felicidad o de su estado de ánimo triste. Algunos pediatras recomiendan a los padres de niños nerviosos o con determinados síndromes neurológicos que adopten un can en casa, pues esto les relaja y mejora su estado anímico, así como su autoestima. También muchas personas mayores que viven solas encuentran compañía y un cariño especial en su perro. Algo que les ayuda a sobrellevar mejor la soledad.

Como es sabido, el perro posee un olfato singular muchas veces superior al nuestro. Esto se debe a que poseen órganos especiales de los que nosotros carecemos. Cuando inhalan el aire, lo dividen en dos corrientes por medio de sus cornetes nasales. Una corriente entra directamente en los pulmones para permitir la respiración, mientras que la otra llega a la

---

54 https://www.elconfidencial.com/alma-corazon-vida/2014-11-28/los-perros-van-al-cielo-el-papa-insinua-que-el-paraiso-esta-abierto-a-los-animales_511788/

membrana olfativa y allí es procesada por células especiales que captan las moléculas de olor. A diferencia de los humanos, los perros tienen un órgano vomeronasal u órgano de Jacobsen encima del techo de la boca que detecta feromonas u olores corporales. Esto les permite identificar a cada persona o a otros animales sin siquiera verlos directamente. Pueden aumentar su capacidad olfativa inhalando y exhalando más de prisa, es decir olfateando. Su gran memoria olfativa les permite reconocer a otros perros u otras personas aunque haga años que no los han visto. Incluso pueden usar su olfato para establecer secuencias temporales. Es decir, al detectar distintas concentraciones de moléculas en el ambiente, olores más o menos intensos, saben cuánto tiempo ha podido pasar desde que se emitió el olor y gracias a esto son capaces de seguir rastros humanos o de otros animales.

El origen del perro

La zoología considera que el perro (*Canis familiaris* o *Canis lupus familiaris*, según se considere una especie por derecho propio o una subespecie del lobo), es un mamífero carnívoro de la familia de los cánidos. Quienes creen que se trata de una subespecie doméstica del lobo lo hacen en base a la comparación de los mapas genéticos de ambos grupos actuales. La composición del ADN de lobos y perros es casi idéntica y solo difieren en unos once genes fijos. La mayor parte de los rasgos que los diferencian están controlados por unos pocos genes.[55] Ambas especies son tan parecidas que incluso se confunden en ocasiones y en algunos países se suelen sacrificar miles de lobos salvajes creyendo que son perros abandonados. Por tanto, es posible que los perros desciendan de los lobos, pero ¿de dónde vino el lobo?

La paleontología cree que los primeros cánidos se originaron en Norteamérica, durante el Eoceno, hace unos 45 millones de años. Los fósiles encontrados demuestran que desde entonces apenas han cambiado. Se especula que los lobos, así como el resto de los cánidos, podrían haber descendido del animal fósil denominado *Hesperocyon,* un pequeño carnívoro del tamaño de un zorro, que se cree vivió en América en esa época.[56, 57] No obstante, cuando se observa la reconstrucción artística de dicho animal, recuerda más el aspecto general de una gineta que el de un perro y desde luego da la impresión de estar perfectamente adaptado a su medioambiente y

---

55   Ratliff, E. 2012, What Digs Tell Us: The ABC of DNA, *National Geographic*, February, pp. 34-51.
56   Wang, X. and Tedford, R. 2008, *Dogs: Their Fossil Relatives & Evolutionary History*, New York, NY: Columbia University Press.
57   Dixon, D., Cox, B., Savage, R. J. G., & Gardiner, B. 1991, *Enciclopedia de dinosaurios y animales prehistóricos*, Plaza & Janes, Barcelona, p. 220.

no a medio camino entre especies diferentes. Este fósil no ayuda mucho a comprender la evolución de los perros a partir de los no perros. No se trata de un fósil intermedio. Si se ha escogido como antepasado de los cánidos es evidentemente porque no existe otro fósil mejor a mano. De manera que nos encontramos ante el problema recurrente de la escasez del registro fósil y las lagunas sistemáticas entre los grandes grupos animales.

Reconstrucción artística de *Hesperocyon*, pequeño carnívoro del tamaño de un zorro que vivió en América durante el Oligoceno y principios del Mioceno. Se cree que fue uno de los primeros cánidos de donde habrían evolucionado todos los demás (Dixon, D., Cox, B., Savage, R. J. G., & Gardiner, B. 1991, *Enciclopedia de dinosaurios y animales prehistóricos*, Plaza & Janes, Barcelona, p. 220).

Aunque existen varias teorías al respecto, tampoco se conoce cómo llegaron a domesticarse los perros. Se ha sugerido que algunos lobos pudieron acercarse a los basureros humanos buscando alimento y así, poco a poco, se acostumbraron a los humanos hasta que fueron acogidos como mascotas o animales domésticos. Es posible, pero lo que sí sabemos es que el ser humano y el perro han sido compañeros desde los tiempos históricos más antiguos y lo continúan siendo todavía hoy. En mi opinión, los perros fueron diseñados para acompañar al ser humano y lo han venido cumpliendo a la perfección. Son animales únicos que han desempeñado un papel fundamental en la historia humana y lo siguen haciendo. Las teorías sobre su origen y supuesta evolución son muy especulativas ya que se basan en fósiles de canes extintos, de los que existen muchos tipos, pero todos perfectamente desarrollados y adaptados a su medioambiente.

36
¿Boca o ano?

El estudio del desarrollo de los embriones ha sido utilizado tradicionalmente en zoología para clasificar a los animales en dos grandes grupos fundamentales: el de los "protostomados" y el de los "deuterostomados". Estos extraños nombres se los inventó a principios del siglo XX el biólogo austríaco, Karl Grobben,[58] y lo hizo en base a cómo se transformaba el embrión de los animales dentro del vientre materno. Al principio, en la fecundación, la unión del óvulo y el espermatozoide forma el cigoto y a partir de él se inicia el proceso de segmentación con la aparición de múltiples células que darán lugar a la "mórula" embrionaria. Esta se llama así por el aspecto de fruta de mora que presenta. Posteriormente, la mórula irá creciendo y generando diversas invaginaciones internas hasta que aparece un orificio que comunica claramente con el exterior, al que se denomina "blastoporo". El destino final de dicho blastoporo es fundamental para entender la clasificación que hizo Grobben.

A todos aquellos organismos en los que la boca se origina a partir de este blastoporo se les llama protóstomos o protostomados (en griego, *protos* significa "primero" y *stoma* es "boca"). La mayoría de los invertebrados pertenecen a este grupo. Moluscos como almejas, caracoles, pulpos y calamares; anélidos como las lombrices de tierra o las sanguijuelas; y artrópodos como los insectos, crustáceos, arañas o ciempiés. Todos estos animales han sido siempre clasificados, según la taxonomía embriológica de Grobben, como protostomados y han venido constituyendo una de las dos grandes ramas del árbol genealógico de la evolución del reino animal.[59]

Sin embargo, desde hace ya muchos años los especialistas saben que dentro de los protostomados hay grupos muy diferentes entre sí que suponen un problema para la clasificación de Grobben. Por ejemplo, el crecimiento de los moluscos se realiza de manera muy distinta al de los anélidos.[60] En estos existe una clara metamería o segmentación del cuerpo

---

58   Grobben, K. 1908, «Die Systematische Einteilung des Tierreiches», *Zoologisch-Botanischen Gesellschaft*, Wien, 58: 491-511.
59   Grassé, P. P., Poisson, R. A. & Tuzet, O., 1976, *Zoología, T. 1 Invertebrados*, Toray-Masson, Barcelona, p. 15.
60   *Ibid.*, p. 8.

en múltiples sacos equiparables, mientras que en los moluscos esto no suele ser así. Además en el seno de los artrópodos se dan múltiples formas y tipos de vida particulares difíciles de explicar por evolución gradual ya que suelen aparecer bruscamente en el registro fósil. Otro grupo problemático es el de los lofoforados ya que sus afinidades con el resto de protostomados están poco claras. Se trata de animales acuáticos como los briozoos y los braquiópodos cuyos fósiles se conocen desde el Cámbrico y apenas han cambiado hasta el presente.

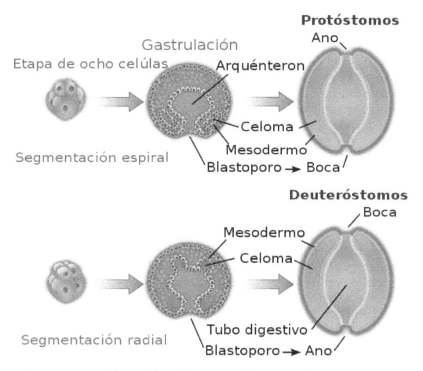

Diferencia entre el desarrollo embrionario de los animales protóstomos y los deuteróstomos. En los segundos, el ano se forma a partir del blastoporo y la boca se origina secundariamente (Wikipedia).

Por su parte, aquellos otros animales en los que el blastoporo embrionario se convierte en el otro orificio corporal más opuesto a la boca, el ano, son denominados deuteróstomos o deuterostomados (en griego, *deuteros* significa "segunda"). Así esta "segunda boca", que no serviría para tragar sino para expulsar residuos, sería la que definiría al resto de los organismos y se formaría en otro lugar diferente al blastoporo del embrión. Y aquí entraríamos también nosotros, los vertebrados o cordados tales como mamíferos, aves, reptiles, anfibios y peces, pero también otros grupos muy alejados de los animales con esqueleto interno, como los equinodermos (erizos y estrellas de mar) y los hemicordados, que son un grupo de gusanos bellota que viven enterrados en el sedimento marino. Sobre estos grupos deuterostomados tan dispares, el gran zoólogo francés, Pierre-P. Grassé, escribió hace más de 50 años: "desde tiempos muy remotos han evolucionado en direcciones muy divergentes, de manera que sus afinidades reales son difíciles de percibir".[61] Lo cual indica que, aunque estos grupos animales no se parecieran entre sí, el criterio evolucionista tenía que seguir prevaleciendo sobre la realidad observable.

No obstante, los nuevos descubrimientos zoológicos, genéticos y embriológicos han demostrado que este rasgo embrionario de Grobben no puede considerarse como una característica taxonómica válida ya que el destino del blastoporo y el origen del ano entre los protostomados es mucho más complejo y variable de lo que antes se pensaba y da lugar a formas muy distintas. Por otro lado, los orígenes de los deuterostomados constituyen también un misterio sin resolver desde la perspectiva evolucionista. No se conoce su supuesta evolución temprana ni de qué organismos pudieron surgir ya que no se han encontrado fósiles que lo justifiquen.

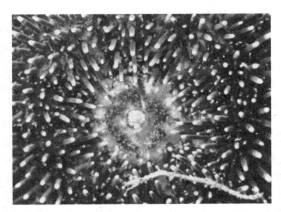

La boca de los erizos de mar, como esta de la imagen, se encuentra situada en la parte inferior del cuerpo, mientras que el ano es una abertura de la parte superior escondida entre las abundantes púas. Los erizos de mar se consideran deuterostomados ya que el blastoporo embrionario da lugar al ano.

---

61   *Ibid.*, p. 10.

En un reciente artículo científico, publicado por un equipo perteneciente a las universidades de Harvard y de Oklahoma, así como a la *Smithsonian Institution*, se evalúan minuciosamente las contradicciones existentes acerca de las hipotéticas afinidades de los deuterostomados y, siguiendo la perspectiva evolutiva, se imagina y propone cómo debería haber sido el hipotético ancestro de los animales deuterostomos.[62] No obstante, a pesar del esfuerzo realizado, la incertidumbre persiste y los diferentes especialistas no se ponen de acuerdo. Tanto los protostomados como los deuterostomados aparecen de repente ya diferenciados en la llamada "explosión cámbrica", hace unos 540 millones de años, sin aparentes antecesores fósiles. Es interesante resaltar el siguiente comentario que hacen los autores del artículo:

> "En muchos sentidos, a pesar de cientos de años de esfuerzo zoológico y dos décadas desde la publicación de la nueva filogenia animal (Halanych et al., 1995; Aguinaldo et al., 1997), seguimos en un salvaje oeste intelectual con respecto a los orígenes de los deuterostomados. Ninguna hipótesis, por descabellada que parezca, puede descartarse por completo. Ninguna teoría, por más tentadoramente lógica que sea, puede afirmar haber salido victoriosa entre sus competidores. Los deuteróstomos continúan eludiendo una narración única y limpia para describir su evolución temprana, un estado que es a la vez fascinante y frustrante en igual medida".

Desde nuestro punto de vista, si es verdad que "ninguna hipótesis por descabellada que parezca, puede descartarse por completo", ¿por qué no pensar en la posibilidad de que estos grupos animales fueran creados por separado originalmente sin antecesores previos? La respuesta es inmediata: "No se puede admitir un pie divino en la puerta de la ciencia". El naturalismo no acepta el concepto de creación ni de diseño inteligente, solo cree en el poder de las fuerzas ciegas e impersonales de la naturaleza. Aunque no se tenga evidencia de la existencia de los supuestos antecesores de los protostomados y deuterostomados, hay que seguir creyendo en ellos porque el programa darwinista así lo exige. A pesar de las contradicciones existentes dentro de estos mismos grupos, su taxonomía se continúa manteniendo porque lo necesita la filogenia evolutiva, incluso aunque la propia evidencia diga todo lo contrario. ¿No se estará manteniendo una entelequia, algo que solo existe en la imaginación de los especialistas, pero no en la naturaleza real?

---

62   Nanglu, K., Cole, S. R., Wright, D. F. & Souto, C., 2023, Worms and gills, plates and spines: the evolutionary origins and incredible disparity of deuterostomes revealed by fossils, genes, and development, *Biological Reviews*, 98: 316-351.

37
Los GPS de las hormigas

Los mecanismos biológicos que usan las distintas especies de hormigas para orientarse han venido intrigando desde siempre a los estudiosos del comportamiento animal. ¿Cómo logran encontrar el camino más corto desde la rama del árbol donde se alimentan hasta el hormiguero? Hasta ahora, los GPS inventados por el hombre encuentran el camino más corto gracias a las señales que les transmiten los satélites artificiales. Sin embargo estos pequeños insectos logran lo mismo, pero sin depender de ningún satélite. ¿Cómo consiguen minimizar las hormigas el coste energético de buscar, localizar y recuperar su comida? ¿Cómo actúan cuando se encuentran con algún obstáculo? La disposición de las ramas y hojas de un árbol hace que el número de giros a derecha, izquierda, arriba o abajo sea extremadamente complejo. Descubrir este misterioso mecanismo tendría claras aplicaciones en biomimética, la disciplina que estudia las soluciones naturales que emplean animales y plantas para aplicarlas a los problemas humanos.

Hormiga de la especie *Cephalotes atratus*, vulgarmente llamada "hormiga tortuga", por Eduardo Estrada, Fotografía de Vida Silvestre y Conservación, CC BY-SA 4.0, vía Wikimedia Commons.[63]

---

[63] Coppedge, D. 2023, Ant Navigation Fascinates Engineers, *Evolution News & Science Today*, March 2.

En un reciente artículo publicado en la revista científica *PNAS*[64], un grupo de investigadores ha descubierto que ciertas especies de hormigas arborícolas emplean algoritmos sorprendentes para resolver el problema del camino más corto. Al parecer lo hacen sin ningún control central, mediante recursos computacionales mínimos que crean y mantienen redes de senderos sobre los árboles o arbustos. Se trata de las "hormigas tortuga" que viven en las zonas arbóreas desde el sur de Florida hasta las Bahamas, Cuba y Jamaica. Tienen la cabeza de forma irregular, con espinas salientes y poseen la costumbre de saltar de una rama a otra para encontrar el camino más corto. Suelen crear redes de senderos en el dosel del bosque tropical que generalmente comunican los nidos con las fuentes de alimentación. Dichos sederos –invisibles para los humanos– se mantienen perfectamente funcionales para las hormigas, gracias a unas feromonas volátiles que estas depositan sobre los bordes de las hojas o vértices de las ramas. De manera que el tránsito bidireccional de insectos sobre las ramas no se produce al azar sino exquisitamente calculado para que la distancia recorrida sea mínima.

Los investigadores que han estudiado este comportamiento creen que las hormigas resuelven el problema de encontrar la distancia más corta por medio de un conjunto de operaciones matemáticas ordenadas, capaces de encontrar la mejor solución. Parece que aumentan o disminuyen la velocidad del flujo bidireccional, o tránsito de hormigas en ambos sentidos, en función del nivel de feromonas que conserva cada vértice de la rama. En dichos puntos de división de caminos, las hormigas depositan feromonas señalizadoras. Al ser estas productos químicos volátiles, se van evaporando poco a poco y esto disminuye la intensidad de su olor, proporcionando información a la hormiga que arriba acerca del tiempo transcurrido desde la llegada de su última compañera. A esto se añade otro dato importante: el número de individuos que dejan el camino principal para explorar nuevas rutas. Con todos estos datos cambiantes tienen suficiente para descubrir el sendero más rápido en cada momento y en un tiempo mínimo. Se trata de un comportamiento biológico que se puede simular por medio de la informática, pero que desde luego resulta absolutamente sorprendente, en unos pequeños animales con cerebros tan mínimos.

Lo que, a mi modo de ver, resulta también muy curioso es la explicación que ofrecen los autores de dicho artículo, acerca de cómo pudo originarse este comportamiento en las hormigas. "La evolución ha llevado a algoritmos naturales que regulan el comportamiento colectivo en muchos

---

[64] Garg, S., Shiragur, K., Gordon, D. M. & Charikar, M, 2023, Distributed algorithms from arboreal ants for the shortest path problem, *PNAS*, 120 (6) e2207959120. https://doi.org/10.1073/pnas.2207959120.

sistemas biológicos". Eso es todo. Pero ¿cómo pudo lograr la evolución el hardware y el software necesarios para optimizar semejantes algoritmos? ¿De dónde surgieron los componentes físicos, así como los programas y las instrucciones necesarias para que todo funcione bien? ¿Acaso los errores de las mutaciones al azar pudieron dar con la solución? ¿Es razonable imaginar pre-hormigas probando diversos algoritmos matemáticos hasta dar con los adecuados?

Por supuesto, los ingenieros e informáticos que buscan posibles aplicaciones tecnológicas de esta extraordinaria capacidad de los insectos, tendrán que dedicar toda su sabiduría e inteligencia humana para tener éxito y elaborar máquinas capaces de imitar lo que hacen estas hormigas. ¿Cómo no darse cuenta o pasar por alto que, igual que tales investigadores requieren inteligencia para copiar la actividad de estos insectos, también se requiere más inteligencia aún para crear por primera vez dicho comportamiento? ¿No se están olvidando estos científicos de lo más fundamental del sistema de navegación de tales insectos?

Hoy sabemos que dentro del pequeño cerebro de una hormiga actúa un sofisticado software capaz de reconocer determinados puntos de referencia, analizar vectores, integrar diversas rutas, recoger información sensorial de la brújula solar, las feromonas químicas o la luz polarizada. Todo esto requiere la suficiente memoria para almacenar datos y recuperar la información rápidamente. También necesitan un sistema para medir la longitud del trayecto recorrido y algoritmos que evalúen la cantidad de feromonas y tomen las decisiones adecuadas. Debe haber un control central en cada hormiga capaz de integrar todos estos datos y poder elegir así la ruta más corta. Semejante complejidad nos conduce a una pregunta obvia: ¿cómo se originó toda esta programación? ¿Es lógico creer que la evolución ciega carente de inteligencia fue la gran programadora?

Por mi parte, creo –tal como dijera el apóstol Pablo– que la respuesta está en el "misterio escondido desde los siglos en Dios, que creó todas las cosas" (Ef 3:9).

38
Elevar el alma

La incipiente primavera europea, a mediados de marzo, está ya despertando la vida de multitud de insectos. Ayer tomé esta imagen, en el macizo de Sant Llorenç del Munt (Barcelona), de un curioso escarabajo cerambícido, cuyas rayas blanquecinas sobre fondo marrón oscuro parecen imitar el aspecto de algunas arañas. Se trata de la especie atípica que los entomólogos llaman *Iberodorcadion molitor,* propia de Cataluña y el sur de Francia. ¿Por qué es atípica? A diferencia de las demás especies de cerambícidos esta no puede volar puesto que carece de alas. Siempre se ve obligada a caminar por el suelo y nunca es capaz de elevarse en el aire. De ahí que se alimente generalmente de raíces de gramíneas y de materia vegetal ligada al suelo.

Pequeño escarabajo cerambícido sin alas, de poco más de un centímetro de longitud, perteneciente a la especie *Iberodorcadion molitor.* Es propio de Cataluña y el sureste francés.

Otra curiosidad de este escarabajo es que su coloración imita la propia de unas pequeñas arañas del género *Phlegra,* que resultan muy abundantes en esta misma zona. Es probable que semejante diseño confunda a los depredadores y estos respeten la vida de los inofensivos escarabajos, al creer que se trata de venenosas arañas.

Pequeña araña saltarina del género *Phlegra* cuya coloración recuerda la del insecto cerambícido *Iberodorcadion molitor*. En ecología, se considera que una especie presenta coloración aposemática o advertidora cuando hace patente su peligrosidad a posibles depredadores. En relación a dicha coloración está también el mimetismo, que es cuando otra especie inofensiva imita el aspecto de la peligrosa (Wikipedia).

Este minúsculo escarabajo me hizo pensar en las palabras del salmista: *Hazme oír por la mañana tu misericordia, porque en ti he confiado; hazme saber el camino por donde ande, porque a ti he elevado mi alma* (Sal 143:8). A veces no entendemos bien la voluntad de Dios para nuestra vida o no logramos ver su misericordia sobre nosotros porque no acertamos a elevar nuestra alma. Es como si careciéramos de las necesarias alas espirituales para sobrevolar por encima de la cruda realidad y de la cotidianidad. Sin embargo, la sed de Dios y de tener comunión con él, el ansia por conocerle cada día más y mejor, no pueden ser satisfechas de ninguna otra manera más que elevándonos por encima de la pura materialidad. De ahí que el salmista le busque ya por la mañana, a primera hora, para que la dirección divina le conduzca durante el resto del día.

Cuando pasamos por pruebas difíciles o sufrimos situaciones de crisis, tememos no hacer la voluntad del Señor quizás por no conocerla suficientemente o, aunque la conozcamos, nos sentimos como este escarabajo, sin capacidad para volar. Es entonces cuando necesitamos la ayuda exclusiva del Espíritu Santo para que nos eleve hasta la misma presencia del Altísimo. Podemos estar seguros de que él siempre está ahí dispuesto a ofrecernos su inestimable ayuda.

39
El vuelo sincronizado de los estorninos

El estornino común (*Sturnus vulgaris*) es un pájaro que mide aproximadamente un palmo de longitud y posee un plumaje oscuro característico. El negro iridiscente de sus plumas posee un brillo púrpura o verdoso, que en invierno se muestra salpicado de pequeñas espiguillas blancas. El pico es negro durante la estación fría, pero a medida que se acerca la primavera se va volviendo amarillo, mientras que las patas siempre son rojizas.

Estornino fotografiado a mediados de marzo en Cataluña.

Su canto es variado y poco musical aunque es capaz de imitar los sonidos frecuentes del entorno en que vive. Es original de Europa y Asia, pero posteriormente se ha introducido también en América, Australia, Sudáfrica y otros lugares. Como la dieta de los estorninos es omnívora, se alimentan de una amplia gama de animales invertebrados y asimismo de frutas o semillas. Al formar grandes bandadas, pueden ser muy beneficiosos para la agricultura puesto que consumen aquellos insectos que constituyen plagas. Sin embargo, a la vez, ellos mismos son susceptibles de convertirse en plaga cuando atacan los cultivos humanos.

Precisamente una característica notable de estas aves proviene de su gran instinto gregario ya que, durante los meses invernales, forman inmensos grupos que vuelan al unísono, generando sinuosas nubes durante los atardeceres. Se trata sin duda de uno de los espectáculos más fascinantes de la naturaleza, al que los angloparlantes denominan "murmuration". Este término no se refiere a hablar mal del prójimo –tal como lo concebimos en español– sino al curioso comportamiento de los estorninos y otras aves de volar juntas en bandadas que cambian de dirección bruscamente de manera sincronizada. Las coreografías aéreas son tan extraordinarias e inesperadas que parecen servirles para despistar a sus depredadores.

Las bandadas de estorninos pueden cambiar bruscamente de dirección y así se protegen del ataque de posibles depredadores aéreos (https://www.lasprovincias.es/sociedad/fotos-estorninos-medalla-vuelo-sincronizado-20180209202800-ga.html).

Algunos estudiosos del comportamiento animal, así como físicos teóricos e informáticos, vienen estudiando desde hace años el fascinante vuelo sincronizado de los estorninos. Hasta ahora, se ha descubierto que todos los ejemplares de una bandada vuelan a la misma velocidad ya que parecen comunicarse entre sí mediante el ruido que generan. También la intensidad de luz puede tener su importancia pues cada individuo tiende a seguir las formas oscuras generadas por las sombras de sus compañeros y evitar las regiones más claras por donde entra la luz. Además, se ha podido comprobar que cada estornino adapta la dirección y velocidad de su vuelo a la de sus siete compañeros más próximos. Esta capacidad perceptiva espacial, relacionada con el número siete, hace posible que ante cualquier amenaza de una rapaz imprevista, cada ave se comunique rápidamente con las siete más cercanas y cada una de ellas con otras siete y así sucesivamente hasta cambiar el rumbo de toda la bandada y evitar el peligro.

¿Por qué actúan así los estorninos? Hasta ahora, las posibles explicaciones se basaban en evitar o reducir el peligro de la depredación por parte de aguiluchos, halcones o gavilanes, a quienes de esta manera, al congregarse miles de estorninos en poco espacio, se les dificultaba centrarse en uno solo ejemplar para cazarlo. Se trata de la llamada hipótesis de "juntos más seguros". Otra posible explicación sería que las aves se congregaban en los dormideros para permanecer juntas y conservar mejor el calor. La hipótesis de "juntos más calientes". Pues bien, en un trabajo científico llevado a cabo en el Reino Unido y en 23 países más, en el que se analizaron más de 3000 bandadas de estorninos, se llegó a la conclusión de que la primera hipótesis ("juntos más seguros") tenía más posibilidades de ser la correcta.[65]

No obstante, la cuestión que todavía permanece sin respuesta es cómo pudo lograr la selección natural no dirigida este comportamiento de los estorninos. Atribuir el origen de tales bandadas a una mayor supervivencia requiere en primer lugar que existan las bandadas, pues cómo experimentar de otra manera que estas aumentan la supervivencia de los estorninos. Lo cual genera un argumento circular. El darwinismo intenta eludir este problema de circularidad invocando la supuesta "cooptación". Es decir, quizás los antepasados de los actuales estorninos se congregaron con alguna otra finalidad y descubrieron por casualidad que al volar juntos no sufrían tantas bajas. Sin embargo, no está claro cuál pudo ser esta otra finalidad que les hizo gastar tanto tiempo y recursos energéticos en sus migraciones diarias y en sus bellas "murmuraciones" vespertinas. De cualquier manera, a esa hipotética finalidad también podrían hacérsele las mismas críticas de circularidad.

Este curioso comportamiento para evitar a los depredadores parece todo un derroche de energía frente a otras posibles reacciones que serían más sencillas, como el camuflaje o la simple dispersión. Además, ¿cómo es posible que aves rapaces como los halcones o los aguiluchos hayan sido engañados durante millones de años por esta estrategia de los estorninos y no hayan sido capaces de desarrollar a su vez otras maneras de cazarlos, tal como hacen por ejemplo los delfines, atunes y tiburones con los bancos de arenques? Es evidente que el vuelo sincronizado de miles de aves tiene ventajas sobre el vuelo de individuos aislados. Esto es algo que

---

65 Goodenough, A. E., Little, N., Carpenter, W. S. & Hart, A. G., 2017,Final del formulario Birds of a feather flock together: Insights into starling murmuration behaviour revealed using citizen science, *PLOS ONE*, https://doi.org/10.1371/journal.pone.0179277.

también descubrieron los pilotos de cazas de combate. Volar en formación aumenta el número de ojos vigilantes que identifican posibles obstáculos o enemigos. Los ingenieros humanos probaron varios tipos de vuelos en formación hasta descubrir los más eficaces para sobrevivir en las batallas aéreas y, por supuesto, esto requirió previsión e inteligencia frente a una necesidad concreta.

Por otro lado, es posible que los estorninos posean algún componente genético en su ADN que les haga actuar así. De hecho, vuelan en bandadas al unísono en cualquier parte del mundo donde se encuentren, mientras que otras especies de aves no lo hacen. Estos pájaros están programados para volar largas distancias, congregarse en enormes bandadas antes de su descanso diario, navegar por el aire, percibir a las aves de su alrededor e interactuar con ellas y quizás muchas otras cosas que todavía desconocemos.

Lo cual indica que dicho mecanismo genético parece anticipar la necesidad de supervivencia que se consigue por medio de estos vuelos sincronizados. Sin embargo, la evolución darwinista es ciega por definición e incapaz de anticipar el futuro, mientras que —según es sabido— la inteligencia sí resulta adecuada para generar tales soluciones.

Tomar decisiones para cambiar de rumbo en una fracción de segundo, en pleno vuelo y cuando se está rodeado por miles de aves, requiere que cada individuo posea un hardware y un software de navegación aérea exquisitamente precisos y programados de antemano para interactuar con sus congéneres. A mi modo de ver, la inteligencia debió estar implicada en el origen de semejante comportamiento. Esa inteligencia, sabiduría, poder y consejo que —según Job— caracterizan al Creador de todas las cosas (Jb 12:13).

40
El cuello de las jirafas

Desde los días de Lamarck –el naturalista francés que vivó a caballo de los siglos XVIII y XIX– el origen del largo cuello de estos enormes herbívoros ha venido siendo objeto de debate entre los estudiosos del mundo animal. El lamarckismo creía que tan enorme estructura se había formado como consecuencia del continuo esfuerzo de los animales por alcanzar las hojas más tiernas y elevadas de los árboles. La función del estiramiento intermitente de los músculos habría así pasado de generación en generación hasta producir el singular alargamiento del cuello y la emblemática idea de Lamarck –la función crea el órgano, mientras el desuso lo atrofia– quedaría registrada para siempre en los anales de la historia natural.

No obstante, el darwinismo discrepó desde el principio de semejante explicación por la sencilla razón de que solamente puede heredarse aquello que viene inscrito en los genes y, como es sabido, el desarrollo muscular alcanzado por el ejercicio físico de un individuo no se transmite a su descendencia. Los musculosos culturistas no engendran bebés también culturistas. Por lo tanto, según Darwin, la evolución del cuello de tales animales tuvo que ocurrir por otras causas. Al observar las poblaciones de jirafas, se dio cuenta de que no todos los individuos alcanzaban la misma altura, unos tenían el cuello ligeramente más largo que otros. Esto le llevó a pensar que, durante las sequías, aquellos ejemplares que tuvieran el cuello más largo tendrían ventaja sobre los demás ya que podían alimentarse de ramas inaccesibles para los de cuello más corto. De manera que los "cuellos largos" sobrevivirían mejor que los "cuellos cortos" y tendrían más posibilidades de pasar sus genes a las crías, mientras que el resto moriría sin descendencia. Después de muchas generaciones, esta "selección natural" provocada por los largos períodos de sequía sería la causa fundamental del largo cuello de las jirafas actuales.

A pesar de que el cuello de la jirafa ha sido durante mucho tiempo un icono muy apreciado y divulgado por la teoría de la evolución, hace ya cuatro décadas que el famoso periodista británico, Gordon Rattray Taylor, se atrevió a decir que esta explicación darwinista era una soberana tontería. En su obra *El gran misterio de la evolución,* escribió: "La jirafa, se dijo, había adquirido su largo cuello a fuerza de estirarlo para alcanzar las hojas más altas de los árboles. Eso es una tontería desde cualquier punto de vista, pues el cuello de la jirafa hembra suele ser unos sesenta centímetros más corto que el del macho, por lo que las hembras no tardarían en morir de hambre, acarreando rápidamente la extinción del género. La verdad es que la jirafa necesita un cuello muy largo porque tiene unas patas muy largas: sin él, no podría llegar al suelo para beber y comer hierba".[66] Hoy se sabe que estos herbívoros, a pesar de su gran altura, pasan mucho más tiempo pastando hierba que arrancando hojas de los árboles.

Las jirafas (*Giraffa sp.*) pueden alcanzar una altura de 5,8 metros y un peso de hasta 1600 kilos.

A lo largo de la historia, diferentes zoólogos han intentado explicar por qué estos animales tienen un cuello tan extremadamente largo. Primero se dijo –tal como hemos visto– que era para alcanzar la vegetación más tierna de los árboles altos. Otros sugirieron que su misión principal eran las luchas entre los machos por el apareamiento o que resultaban más atractivos para las hembras. Algunos anatomistas aseguraron que los cuellos eran largos porque las patas también lo eran. Actualmente, algunos dicen que la principal finalidad es la termorregulación. Es decir, cuando las jirafas dirigen su cabeza y cuello hacia el sol, aumentan ligeramente la sombra sobre su cuerpo y esto les resulta útil para protegerse de los rayos solares.

66 Taylor, G. R., 1983, *El gran misterio de la evolución*, Planeta, Barcelona, p. 44.

No obstante, lo cierto es que no existe consenso al respecto y tanto el origen como el sentido de este extraordinario órgano continúa envuelto en el misterio.

En un reciente trabajo científico publicado en la revista *Nature*, se admite que la pretendida evolución de las jirafas sigue siendo un rompecabezas para los especialistas.[67] Resulta que toda la constitución física, así como la fisiología, de este gran animal viene profundamente modificada y determinada por la enorme longitud de su cuello. Aunque no lo parezca, este tiene siete vértebras cervicales, las mismas que el resto de los mamíferos, aunque extremadamente alargadas ya que cada una puede llegar a medir alrededor de 30 centímetros. El corazón tiene que ser más potente que el de los demás herbívoros ya que debe bombear sangre hasta la cabeza, que está a unos dos metros más arriba, y esto requiere una elevada presión arterial con el fin de evitar posibles desmayos por insuficiente irrigación en el cerebro. Pero, además, dicha presión tiene que ser la adecuada para que no se produzcan derrames cerebrales. El equilibrio y reajuste constante en los cambios de tensión arterial que se producen cuando el animal baja la cabeza hasta el suelo para beber o comer hierba, así como cuando la eleva bruscamente y sale corriendo porque descubre la presencia de leones, parece algo exquisitamente diseñado.

Las jirafas poseen corazones grandes y fuertes que laten más de prisa que los del resto de los animales herbívoros y generan una presión arterial que es también más alta. Dichos corazones suelen alcanzar los 12 kg de peso, una longitud de 60 cm y el grosor de sus paredes es de unos 7,5 cm. Semejantes dimensiones logran una presión arterial en la aorta que es el doble de la que puede tener cualquier otro mamífero. Esta elevada presión sanguínea podría ser peligrosa en los órganos o extremidades situados por debajo del corazón ya que provocaría que la sangre se saliera de los capilares e inundara fatalmente las células de los tejidos. Sin embargo, esto no ocurre en las jirafas porque las paredes de sus vasos sanguíneos son también muy gruesas, así como el tejido conjuntivo y la propia piel. Esto evita que el plasma sanguíneo se acumule en las patas formando edemas.

Las jirafas pasan más tiempo comiendo hierba del suelo que hojas de los árboles. Cuando el animal baja la cabeza a ras de suelo para comer o beber, la presión sanguínea en ella no aumenta peligrosamente porque las jirafas poseen un dispositivo especial en la parte superior del cuello llamado "rete mirabile" (red maravillosa) que soluciona el problema. La mayoría de los mamíferos tienen dicha estructura pero en ninguna otra especie alcanza la eficacia que se observa en los jiráfidos. Se trata de una red

---

67 Jones, N., 2022, How the giraffe got its neck: 'unicorn' fossil could shed light on puzzle, *Nature*, 606(7913), DOI: 10.1038/d41586-022-01565-7.

esponjosa de vasos sanguíneos que se llenan de sangre y la retienen para que la presión en la cabeza permanezca constante. Al levantar de nuevo el cuello, dichos vasos vacían su contenido. De manera que estos animales son capaces de ajustar la capacidad de su sistema cardiovascular, encogiendo o expandiendo sus vasos sanguíneos según la posición en que se encuentre la cabeza. Si esta capacidad resulta asombrosa en un mamífero como la jirafa, ¿qué decir de algunos reptiles como los extintos dinosaurios que tenían cuellos mucho más largos? Por ejemplo, el mayor dinosaurio fósil descubierto hasta ahora, el *Patagotitan mayorum*, pesaba alrededor de 70 toneladas, media unos 40 metros de largo y su largo cuello podía alcanzar la séptima planta de un edificio.

Es posible que el fluido cerebroespinal o líquido cefalorraquídeo de las jirafas, que baña su cerebro y médula espinal, actúe también como una contrapresión eficaz capaz de impedir que se revienten los capilares o se produzcan peligrosas fugas o desplazamientos de sangre en el cerebro. Este líquido actuaría como los trajes antigravedad de los pilotos de combate y astronautas, que impiden el desmayo de estos (o la llamada "visión negra") ante una fuerte aceleración o cambio brusco de posición en el espacio.

No obstante, los cambios fisiológicos especiales que requiere el largo cuello de estos animales no terminan aquí, ni muchos menos. Lograr que el aire llegue desde los orificios nasales a los pulmones, situados dos metros y medio más abajo, supone también un importante reto físico. Si el ser humano intentara respirar a través de un tubo de semejante longitud, moriría por asfixia, no ya por falta de oxígeno sino porque el propio dióxido de carbono de su aliento espirado lo envenenaría. Este problema se soluciona en la jirafa gracias al gran tamaño de sus pulmones, que son unas ocho veces más grandes que los de los humanos y generan las presiones necesarias para una correcta respiración. Es evidente que todos estos cambios fisiológicos y anatómicos, generados por el largo cuello, no pudieron producirse por una sola mutación aleatoria sino que requieren numerosas modificaciones perfectamente coordinadas entre sí. Se necesitarían miles de cambios genéticos para lograr una jirafa como las actuales a partir de animales ancestrales con el cuello corto y tales modificaciones deberían haberse producido simultáneamente para que hubieran podido sobrevivir. Esto es difícil de creer y mucho más de demostrar.

Por otro lado, las jirafas son herbívoros rumiantes como las vacas. Lo cual significa que, después de tragar los vegetales, regurgitan el bolo alimenticio a medio digerir y lo mastican antes de tragárselo por segunda vez para poderlo asimilar bien. Un cuello tan alto como un ser humano capaz de realizar tales trasiegos alimentarios requiere un largo esófago constituido por una musculatura muy especial y, por supuesto, todas estas modificaciones fisiológicas y anatómicas suponen un gran desafío de reingeniería que tampoco pueden explicarse desde la casualidad de las mutaciones, tal como cree el darwinismo.

El okapi (*Okapia johnstoni*) es una especie perteneciente también a la familia Giraffidae. Vive en las frondosas selvas del Congo y es un animal tímido y evasivo que presenta muchas similitudes genéticas con las jirafas, aunque la longitud de su cuello es similar a la de muchos antílopes (Wikipedia).

El estudio de los fósiles de los antepasados de las jirafas tampoco corrobora la tesis darwinista porque no evidencia una secuencia de cuellos cada vez más largos. Hay fósiles de animales con cuellos como los del actual okapi y fósiles con cuellos como los de las jirafas vivas, pero ninguna transición gradual entre unos y otros. No se conoce el origen del okapi ni tampoco el de las jirafas. El genetista alemán Wolf-Ekkehard Lönning de la Universidad de Bonn escribió un riguroso libro sobre este asunto, en el que cuestionaba la hipótesis evolucionista y concluía que se han encontrado muchos fósiles de distintas especies antiguas de jirafa, pero todos con el cuello largo.[68] No se ha podido comprobar ninguna transición gradual desde animales de

---

68 Wolf-Ekkehard Lönning, 2011, *The Evolution of the Long-Necked Giraffe (Giraffa camelopardalis L.) What do we really know? Testing the Theories of Gradualism, Macromutation, and Intelligent Design*, Verlagshaus Monsenstein und Vannerdat OHG.

cuello corto a otros con el cuello largo. Todas las jirafas fósiles presentan aproximadamente la misma altura. Entre el okapi del Congo –el pariente vivo con más similitudes genéticas con las jirafas– y las verdaderas jirafas hay un gran abismo morfológico que la paleontología no ha logrado salvar.

En el año 2015, se publicaron artículos en los que se afirmaba que ciertos fósiles hallados demostraban cómo había ocurrido la evolución del largo cuello de las jirafas actuales.[69] Sin embargo, tal como los propios autores reconocían posteriormente, no se podía asegurar que la especie fósil en cuestión –denominada *Samotherium major*– fuese realmente un antepasado directo de las jirafas. Por tanto, el trabajo exageraba los resultados obtenidos, al presentarlo como eslabón perdido de tales animales.

En mi opinión, después de examinar los datos existentes hasta el presente acerca de cómo pudo evolucionar el largo cuello de las jirafas, se observa que existen muchas hipótesis sugerentes, pero no comprobables sobre el asunto. Cada uno de tales planteamientos presenta sus propios inconvenientes y lo cierto es que se desconoce dicha evolución gradual por medio de mutaciones, recombinación o selección natural, tal como supone el evolucionismo. La realidad es que faltan los fósiles que podrían mostrar dicha evolución gradual. Por el contrario, la sofisticada ingeniería biomecánica y fisiológica que evidencian las jirafas sugiere un diseño inteligente perfectamente calculado. Algo de lo que el mismo Creador podría sentirse satisfecho y ver "que era bueno en gran manera" (Gn 1:31).

---

[69] Danowitz, M., Domalski, R. & Solounias, N. 2015, The cervical anatomy of *Samotherium*, an intermediate-necked giraffid, *Royal Society Open Science*, https://doi.org/10.1098/rsos.150521; Geggel, L. 2015, 7-Million-Year-Old Fossils Show How the Giraffe Got Its Long Neck, *Live Science,* https://www.livescience.com/52903-transitional-giraffe-fossils.html.

41
El nervio laríngeo, ¿un mal diseño?

El biólogo evolucionista y ateo Jerry A. Coyne escribió hace poco más de una década estas palabras, con la intención de negar la existencia de un creador inteligente: "...si los organismos hubieran sido construidos desde cero por un diseñador que utilizara como materiales de construcción los nervios, los músculos, los huesos, etc., no tendrían esas imperfecciones. El diseño perfecto sería verdaderamente el sello de un diseñador habilidoso e inteligente. El diseño imperfecto es la marca de la evolución; de hecho, es precisamente lo que esperamos de la evolución".[70] Y, posteriormente, entre los ejemplos de órganos o estructuras peor diseñadas de la naturaleza se refiere al nervio laríngeo recurrente de los mamíferos.

Este nervio conecta el cerebro con la laringe y, entre otras cosas, nos ayuda a hablar y a poder tragar los alimentos. Sin embargo, según su opinión, es mucho más largo de lo necesario ya que, en vez de recorrer una distancia de treinta centímetros entre el cerebro y la laringe, baja hasta el pecho, le da la vuelta a la aorta y luego regresa hacia arriba hasta conectar con la laringe. Una vuelta de casi un metro en los humanos que aparentemente resulta innecesaria. En otros mamíferos como las jirafas ocurre lo mismo, pero en ellas la ruta de dicho nervio es alrededor de 4,6 metros más larga de lo necesario.

Coyne cree que este "mal diseño" se explica bien desde la teoría de la evolución, pero no desde la creencia en un Dios diseñador. Como buen evolucionista, continúa creyendo en la ley biogenética de Haeckel o de la recapitulación, que afirmaba que "la filogenia se repite en la ontogenia", a pesar de que actualmente dicha teoría ya no se acepta.[71] Esta frase del zoólogo alemán Ernst Haeckel (1834-1919) significaba que algunos estados de la evolución se repiten supuestamente y de manera rápida en el desarrollo de cada embrión.

Según esto, Coyne escribe que nuestra aorta y la del resto de los mamíferos evolucionó a partir de los "arcos branquiales de nuestros antepasados

---

[70] Coyne, J. A., 2010, *Por qué la teoría de la evolución es verdadera*, Crítica, Barcelona, p. 115.
[71] *Diccionario de Biología*, Oxford University Press, 1998, Madrid, p. 552.

comunes con los peces".[72] De manera que en los primeros estadios de nuestro desarrollo embrionario, cuando nos parecemos al embrión de los peces, el nervio se desplaza hacia abajo acompañando al vaso sanguíneo del sexto arco branquial y posteriormente este vaso desaparece, mientras los vasos cuarto y sexto formarían la aorta, obligando al nervio laríngeo a alargarse. Por tanto, empezaríamos nuestra vida como embriones similares a los peces ancestrales y, por gentileza de la evolución, nuestro nervio laríngeo sería una auténtica chapuza impropia de ningún diseñador. En esta misma línea se manifiesta también el famoso biólogo ateo Richard Dawkins, quien en un vídeo del *National Geographic*, en el que se diseccionaba a una jirafa para comprobar la gran longitud de dicho nervio, declaró que ningún ingeniero cometería un error tan garrafal como este.[73] Incluso algún medio de comunicación llegó a afirmar que el nervio laríngeo destruye al diseño inteligente.[74] ¿Qué hay de cierto en todo esto?

En primer lugar, conviene señalar que Coyne parte de una premisa equivocada. Cree que para que un órgano haya sido diseñado inteligentemente debe tener un diseño perfecto. Esto no es cierto. Cualquier ingeniero informático sabe que todo circuito electrónico puede ser mejorado y difícilmente pensará que un determinado microchip es definitivamente perfecto. De hecho, de esa mejora continua de la tecnología se beneficia la ciencia de la comunicación. Por tanto, aunque un diseño no sea definitivo o perfecto, sigue siendo diseño. Los chips de hace una década no eran tan perfectos como los actuales, pero desde luego nadie duda de que habían sido diseñados. De la misma manera, aunque aparentemente pudiera parecer que el nervio laríngeo de los mamíferos no tiene un diseño perfecto, esto no es un argumento sólido para concluir que no haya sido diseñado intencionalmente.

Por otro lado, existe una cuestión que Coyne, Dawkins y otros evolucionistas no han tenido en cuenta. Si ya hay nervios laríngeos superiores que conectan directamente el cerebro con la laringe, ¿por qué los nervios laríngeos recurrentes toman el camino más largo y le dan la vuelta a la aorta para ascender de nuevo hasta la tráquea y la laringe? ¿Tendrán quizás alguna función especial en la aorta o en alguna otra parte de su recorrido? Se trata de cuestiones que parecen obvias, pero que no se han valorado. Pues bien, resulta que sí poseen importantes funciones.

---

72 Coyne, J. A., 2010, *Por qué la teoría de la evolución es verdadera*, Crítica, Barcelona, p. 118.
73 https://www.youtube.com/watch?v=cO1a1Ek-HD0.
74 https://www.muyinteresante.es/naturaleza/46553.html.

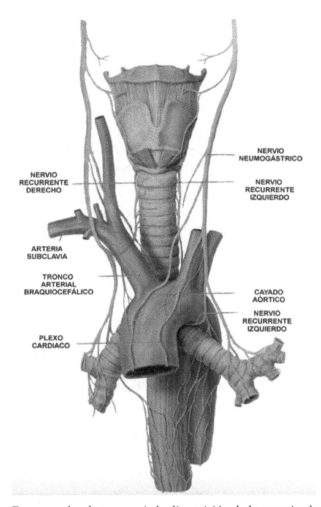

Esquema donde se aprecia la disposición de los nervios laríngeos recurrentes derecho e izquierdo en el ser humano (https://zaguan.unizar.es/record/70494/files/TAZ-TFG-2017-941.pdf).

Algunas ramas colaterales del nervio laríngeo recurrente llegan hasta la base del corazón, contribuyendo a su correcto funcionamiento. Otras se insertan en la mucosa del esófago, en la tráquea, en la faringe y la laringe, órganos que desempeñan un importante papel en la respiración, la deglución y, en el caso de los humanos, la capacidad de hablar. De manera que este nervio tiene varias funciones importantes y desde luego no parece diseñado solo para inervar la laringe, como se ha dicho. Realiza muchos trabajos distintos a la vez, no solo uno. El nervio laríngeo recurrente, a lo largo de su extenso recorrido, hace que numerosos músculos de estos órganos se coordinen entre sí para permitir acciones vitales de suma importancia.[75] Por eso tiene que ser tan largo. No por una torpeza de la evolución al azar sino por el designio de una mente prodigiosa que así lo dispuso.

Por lo tanto, el nervio laríngeo recurrente no es una "imperfección", ni un "mal diseño" o una auténtica "chapuza biológica", un "error garrafal", ni tampoco "destruye al diseño inteligente", tal como los críticos de la creación suelen afirmar. Más bien se trata de todo lo contrario: una estructura que funciona correctamente en todos los mamíferos, desde el ser humano a la jirafa. No obstante, la arrogancia del hombre parece no tener límites. En ocasiones, se comporta como un niño que rompe un reloj analógico y lo que descubre en su interior no le gusta. Cree que está mal diseñado porque hay demasiadas ruedas dentadas y agudos ejes que le pinchan los dedos. Sin embargo, él esperaba otro tipo de piezas que se ajustaran mejor a su realidad. ¿Acaso está el pequeño capacitado para juzgar la perfección del reloj?

La sabiduría que encierra el diseño de los nervios recurrentes solo puede ser juzgada por alguien que conozca bien todas las particularidades y exigencias del cuerpo humano. Hasta los mejores neurólogos y embriólogos contemporáneos son como párvulos frente a la sofisticada inteligencia que evidencia el cuerpo de los seres vivos. Sin embargo, algunos –tal como escribiera el apóstol Pablo– "se envanecieron en sus razonamientos, y su necio corazón fue entenebrecido. Profesando ser sabios, se hicieron necios" (Rm 1:21-22).

---

[75] Kahle, W., Leonhardt, H. y Platzer, W., 1977, *Atlas de Anatomía para estudiantes y médicos*, Tomo 3, Omega, Barcelona, p. 102.

42
Insectos que parecen flores

Los ejemplos de insectos que imitan el aspecto de ciertas plantas suelen ser abundantes en la naturaleza. Hay mariposas que cuando pliegan sus alas se mimetizan perfectamente con los vegetales y parecen hojas secas. Esto despista a pájaros y otros posibles depredadores. Ciertas orugas de geométridos adoptan la pose de una ramita inmóvil con la misma intención. Otros insectos parecen espinas, tallos, brotes tiernos, corteza, etc. Incluso también existen numerosos ejemplos de todo lo contrario: flores que imitan la forma y color de algunos insectos. Este es el caso, por ejemplo, de ciertas orquídeas, como la especie mediterránea *Ophrys speculum* que simula ser una abeja hembra, con la clara finalidad de atraer a posibles machos para lograr así la necesaria polinización. Generalmente todos estos mimetismos de los animales se dan en un solo individuo.

Sin embargo, lo que resulta inaudito es que toda una colonia de individuos se ponga de acuerdo para parecer entre todos una flor y engañar así a los pájaros. Tal es la estrategia mimética que sigue una especie de insectos fulgoromorfos que habita en los bosques tropicales secos de Madagascar, denominada científicamente *Phromnia rosea*. Los individuos adultos son gregarios, se concentran alrededor de las ramas de ciertas lianas y como tienen las alas rosadas, cuando las pliegan parecen una bella espiga floral.[76]

Hay varias especies de tales insectos distribuidas no solo en la isla de Madagascar sino también por las regiones orientales del continente africano. Sus alas pueden tener colores rojizos, amarillos, verdosos o blanquecinos y su pequeño tamaño (alrededor de un centímetro) hacen que al congregarse parezcan auténticos racimos de flores o inflorescencias que despistan a sus posibles depredadores. Además, se ha comprobado que no todos los individuos tienen idéntica coloración alar y que aquellos que nacen con una tonalidad ligeramente verdosa tienden a ocupar una posición en el extremo de la inflorescencia, simulando así brotes tiernos. A pesar de todo, si algún pájaro intenta atacarles, inmediatamente la flor se desvanece porque los insectos huyen volando.

---

76 https://www.naturepl.com/stock-photo-flower-spike-butterfly-bug-phromnia-rosea-leaf-hopper-adults-image01178553.html.

Colonia de insectos hemípteros de la especie *Phromnia rosea* que imita una espiga floral (Wikipedia).

El origen del comportamiento de estas "flores que vuelan" es difícil de explicar desde el pensamiento evolucionista. ¿Cómo podría la selección natural de las mutaciones al azar haber producido colonias de insectos capaces de congregarse adecuadamente para imitar las flores? También resulta sorprendente que la estructura floral que reproducen con su misteriosa agregación no exista en la naturaleza. No hay ninguna flor que les pueda servir de modelo. Se podría decir que son estos pequeños insectos quienes "crean" o "diseñan" una nueva inflorescencia inexistente en la realidad botánica. Ahora bien, ¿qué o quién les ha proporcionado la sabiduría necesaria a tales animales para que puedan hacer esto? La lógica dice que se requiere un saber creativo original. Miles de ejemplos como este abundan por toda la biosfera y constituyen argumentos a favor de un diseño inteligente real y no "aparente" como afirma el darwinismo naturalista.

43
El misterio de las algas diatomeas

Cuando se habla de algas, suele pensarse inmediatamente en aquellas que pueden verse a simple vista e incluso comerse en restaurantes de cocina oriental, como el famoso *sushi*. En general, se las distingue por su color, las hay verdes, pardas o rojas. Sin embargo, la inmensa mayoría de las especies resultan invisibles para el ojo humano ya que están formadas por una sola célula. Este es el caso de las diatomeas, cuyo tamaño medio es de unas pocas milésimas de milímetro. A pesar de ser tan minúsculas, son capaces de realizar la fotosíntesis, es decir producir oxígeno, obtener carbono orgánico a partir de la luz solar y servir de alimento a numerosas especies. Por esto pertenecen al importante grupo ecológico de los productores de materia orgánica. Siempre viven en el medio acuático, tanto de agua dulce como marina o salobre, y, por tanto, forman parte del llamado fitoplancton o plancton vegetal de lagos y océanos. En ecología, constituyen una buena herramienta para evaluar la calidad de las aguas, así como los cambios en el clima. Y, en fin, hasta las ciencias forenses se sirven de ellas porque su presencia en el interior de las vías respiratorias humanas evidencia que la persona ha muerto por ahogamiento.

Al escribir "algas diatomeas" en Google, inmediatamente aparecen numerosos anuncios que nos ofrecen "tierra de diatomeas" para usos domésticos, tales como fertilizante para las plantas, absorbentes naturales de la humedad, ignífugos, enriquecedores del pienso para los animales, conservante de semillas, etc. Incluso, a través de Amazon, se pueden comprar ya alfombras de baño hechas con tierra de diatomeas que eliminan de inmediato el agua y evitan la producción de hongos. El secreto de estas algas microscópicas reside en las particulares propiedades de su cubierta externa. Al morir tales microbios, sus caparazones sólidos se acumulan en el fondo de las cuencas oceánicas y lacustres, dando lugar con el tiempo a rocas sedimentarias silíceas como las *diatomitas* o tierra de diatomeas.

En efecto, una característica especial de cada especie de diatomea es su singular pared celular de sílice opalino (dióxido de silicio hidratado) llamada *frústula*, formada por dos partes asimétricas que encajan entre sí y recuerdan platos o vasos de un vidrio sumamente resistente. Tales frústulas muestran una infinidad de formas geométricas que hacen las delicias de los arquitectos e ingenieros más imaginativos. Si Gaudí hubiera podido observar las imágenes de diatomeas que proporcionan los modernos microscopios electrónicos de barrido, posiblemente se habría inspirado en ellas por su desafiante e inteligente arquitectura. Si se pudiera aumentar el tamaño de cualquier diatomea al de un vaso de vidrio, esta brillaría como el mejor diamante del mundo. Parecería una valiosa joya digna de exhibirse en el más prestigioso museo de historia natural.

Nadie sabe con exactitud el número de especies de diatomeas que existe en el mundo. Actualmente se conocen más de 20 000, pero algunos especialistas piensan que, si se tiene en cuenta a las marinas, dulceacuícolas, fósiles e incluso aquellas terrestres que viven sobre superficies húmedas, su número podría alcanzar las 100 000 especies. Se cree que estas algas unicelulares producen la cuarta parte del oxígeno que respiramos.

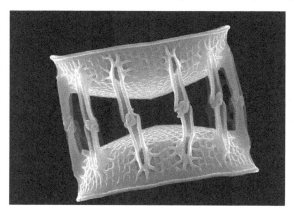

Diatomea fotografiada mediante microscopía electrónica de barrido (fuente: https://www.bizkaia21.eus/atalak/BMDigital/Fotocomentario.asp?idRevista=165&idArticulo=13730&idpagina=&idioma=ca#gallery).

Diatomea fotografiada mediante microscopía electrónica de barrido (Photo credit: CSIRO, CC BY 3.0, via Wikimedia Commons).

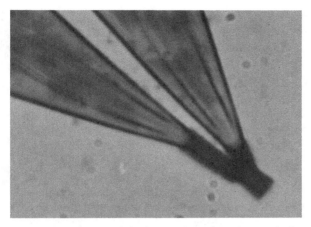

Diatomeas marinas del género *Licmophora* fotografiadas con el microscopio óptico a 100 aumentos.

El ser humano no supo de la existencia de las diatomeas y de su increíble variedad hasta que se perfeccionó el microscopio óptico. Pero, desde luego, lo que nos ha dejado perplejos han sido las espectaculares imágenes obtenidas por microscopia electrónica. Algunas diatomeas son circulares como pastillas; otras parecen agujas o varillas alargadas; las hay triangulares; con forma estrellada, cilíndricas, etc. Y, en general, todas están adornadas con encajes y orificios que muestran complejos patrones geométricos en tres dimensiones.

La reciente disciplina de la biomimética, que estudia los seres vivos como fuente de inspiración para solucionar problemas tecnológicos humanos, que ya están resueltos en el mundo natural, ha reparado en las diatomeas y descubierto que sus conchas son extremadamente duras y resistentes para el reducido tamaño que tienen. Algunos estudiosos creen que las frústulas o conchas de las diatomeas protegen de la luz ultravioleta a la célula que hay en su interior por medio de la disposición de sus orificios, rendijas y nervaduras. También se ha señalado que los poros de estas conchas dirigen la longitud de onda de la luz normal hacia determinados puntos o *fotocentros*, donde pueda realizarse convenientemente la reacción de la fotosíntesis.[77] Además se ha visto que aunque cambie la dirección de la luz, las frústulas actúan como lentes que siguen manteniendo constante la cantidad de luz en esos fotocentros. Se ha comprobado que

---

77 Zglobicka, I. et al., 2021, Insight into diatom frustule structures using various imaging techniques, *Scientific Reports*, volume 11, Article number: 14555.

estas conchas pueden actuar como minúsculos espectrógrafos capaces de enfocar determinados volúmenes de fotones dentro de la diatomea para que la clorofila y los demás pigmentos fotosintetizadores del alga puedan realizar su función.

De la misma manera, la arquitectura de cada microscópica diatomea refleja una asombrosa *resistencia específica* que ha sido calculada y se ha descubierto que es más elevada que la de cualquier otro material biológico conocido, ya se trate de huesos, dientes, cuernos, etc. La resistencia específica de una estructura es la fuerza a la que esta se rompe con respecto a su densidad.[78] Sin embargo, hay que tener en cuenta que las frústulas de las minúsculas diatomeas ¡son estructuras de vidrio! Y la sílice es un material fuerte pero quebradizo. Al parecer, la presencia de numerosos agujeros y fisuras impide que la tensión se concentre en el mismo punto y esto evita una ruptura fácil. Algunos ingenieros están estudiando el diseño de estas microscópicas diatomeas para realizar estructuras macroscópicas artificiales mucho más resistentes.

Estas características, y otras que probablemente todavía se desconocen de las algas diatomeas, sorprenden porque implican un diseño previo de ingeniería de alta calidad. ¿Cómo es posible que unos microbios sin cerebro y, por tanto, incapaces de pensar ni de planificar nada, posean diseños estructurales tan sofisticados? La complejidad y especificidad del patrón corporal de cada una de las numerosas especies de tales algas va mucho más allá de sus necesidades de supervivencia o de protección. ¿Por qué iba la evolución a darles a las diatomeas semejantes diseños? Un diseño que no fuera adaptativo no podría nunca haber aparecido por mutaciones y selección natural.

Cuando uno mira estas curiosas formas que recuerdan artísticos edificios no solo descubre belleza estética sino intrincados diseños de ingeniería que apuntan a una finalidad muy concreta. ¿Por qué? ¿Acaso el microbio se recrea observando su propia estructura? ¿Están tales formas diseñadas para que los humanos aprendamos de ellas, progresemos científicamente y elevemos nuestras mentes a la trascendencia creadora? ¿Nos están hablando las diatomeas? No puedo creer que tales maravillas sean el producto de una selección ciega que por casualidad descubrió las ventajas del silicio. Me parece más lógica la hipótesis de un Dios creador omnisciente que lo diseñó todo con propósito gracias a su refinado conocimiento.

---

78 https://authors.library.caltech.edu/64304/

44
El buen diseño de lo malo

Muchos seres vivos producen repulsión o miedo por el peligro que suponen. El veneno de ciertas arañas, escorpiones y víboras, las picaduras de garrapatas, avispas o mosquitos, la toxicidad de la piel de esas pequeñas ranitas de vivos colores o los afilados dientes sustituibles del tiburón blanco, constituyen todo un elenco de órganos y estructuras que parecen diseñadas para lo malo, para hacer daño. A todos estos seres, que se pueden ver a simple vista, hay que añadir la gran cantidad de bacterias, hongos microscópicos y virus capaces de acabar con nuestra vida. Desde la perspectiva humana, surge inmediatamente la cuestión acerca de por qué existe tanto bicho malo en este mundo. La lucha sin cuartel por la supervivencia del más resistente, ¿se ha dado desde siempre o quizás las criaturas cambiaron y dieron lugar a este inmisericorde reino de la maldad natural? Se trata de una cuestión importante que parece más propia de filósofos y teólogos que de científicos experimentales.

Lo único que puede determinar la ciencia es si tales "órganos de lo malo" pudieron aparecer por azar o requieren para su origen de una causa inteligente como la mejor explicación. No nos referimos a la moralidad de dicha causa sino a su realidad. Esto puede entenderse mejor mediante el ejemplo de los virus informáticos. Se trata, como es sabido, de programas capaces de destruir o copiar la infraestructura de una empresa o nación. A pesar de su evidente malignidad, suelen estar tan bien diseñados que son capaces de eludir a los mejores expertos informáticos. Hay un elevado nivel de inteligencia detrás de tales virus programados. Esto es precisamente lo que afirma el diseño inteligente con respecto a tantos órganos, estructuras y reacciones químicas –"irreductiblemente complejas", según Michael Behe– empleadas por las especies para cazar y subsistir en la biosfera.

Algo tan pequeño y aparentemente simple como un mosquito es capaz de transmitir enfermedades infecciosas a través de su saliva, tales como malaria, dengue, zika, chikungunya, fiebre amarilla o la fiebre del Nilo occidental, entre otras. Los mosquitos son responsables de unas 750 000 muertes de personas al año. Pueden detectar el dióxido de carbono que expulsamos al respirar y se ven atraídos también por el sudor u otros olores corporales, así como por los perfumes. Las larvas pueden prosperar con muy poca agua, en charcos, sobre hojas, en los huecos de los árboles, bidones, cisternas, canales y sobre todo junto a los ríos, lagunas y marismas. No obstante, como todos los seres vivos del planeta, los mosquitos cumplen a la perfección su función en el mantenimiento del equilibrio natural. Actúan también como agentes polinizadores permitiendo que millones de plantas puedan reproducirse eficazmente y constituyen una importante fuente de alimento para pájaros, murciélagos, reptiles, ranas y peces.

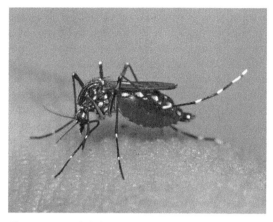

El mosquito del dengue o de la fiebre amarilla (*Aedes aegypti*) picando a un ser humano (Wikipedia).

Los últimos estudios científicos sobre el vuelo de los mosquitos, realizados mediante cámaras de alta velocidad y análisis digital, han permitido entender cómo estos minúsculos insectos logran mantenerse en el aire y desplazarse con precisión. Al parecer, describen con sus alas un ángulo de unos 40 grados y a una velocidad de casi 800 aleteos por segundo. Esto es cuatro veces más rápido que la mayoría de los insectos.[79] Por medio de cámaras digitales que graban a 10 000 fotogramas por segundo, se ha descubierto que los mosquitos utilizan tres técnicas aerodinámicas diferentes para volar. Además del vórtice delantero que poseen todos los insectos voladores, los mosquitos tienen un vórtice posterior y otro de arrastre rotacional. Este vórtice posterior genera movimientos sutiles y precisos del ala al final de cada aleteo que recuerdan el vuelo de los colibrís. Sin embargo, los mosquitos no están relacionados para nada con los colibrís. ¿Otro milagro de

---

[79] Bomphrey, R. J., Nakata, T., Phillips, N. & Walker S. M., 2017, Smart wing rotation and trailing-edge vortices enable high frequency mosquito flight, *Nature*, volume 544, pp. 92-95.

"evolución convergente"? Por último, el vórtice de arrastre rotacional les permite aterrizar con precisión desde cualquier posición espacial.

¿Cómo aprendieron los mosquitos a volar así? ¿Quién les enseñó esos trucos aerodinámicos exquisitamente cronometrados que los ingenieros humanos solo conocían teóricamente? ¿Algún científico sabe realmente cómo pudieron evolucionar tales inventos aéreos? Es evidente que estos animales están bien diseñados para realizar lo que hacen y la prueba de ello son los edemas que producen en nuestra piel. Quienes pican son las hembras ya que necesitan las proteínas de la sangre para alimentar sus huevos. En cambio, los machos se nutren de savia y néctar de los vegetales. De ahí que sean estas las que arriban siempre con precisión a los rincones más remotos de nuestra piel, a pesar de todo lo que hagamos por evitarlo. Y, cuando logramos aplastar de un manotazo algún ejemplar, deberíamos recordar que cada uno de tan molestos zumbadores tiene ojos compuestos, extremidades articuladas, respiración, reproducción sexual, tubo digestivo, mandíbulas modificadas en taladro de precisión, saliva con proteínas anticoagulantes para que la sangre de la víctima fluya y todo un equipo de sensores para detectar olores y sabores. Concretamente, en el extremo de cada pata tienen pelos capaces de degustar todo lo que tocan, como si fueran auténticas lenguas.

Extremo de la pata de un mosquito donde se aprecian las uñas mediante las que se engancha a las distintas superficies, así como numerosas terminaciones pilosas capaces de detectar sabores y olores. (https://scontent.fbcn12-1.fna.fbcdn. net/v/t39.30808-6/340412126_1651502681987410_1465813319879094462_n.jpg?_ nc_cat=1&ccb=1-7&_nc_sid=8bfeb9&_nc_ohc=DUO2RL8DY3QAX97wD-N&_nc_ ht=scontent.fbcn12-1.fna&oh=00_AfC5RQsgxn_nNB6eFnGfpeZSDVshO4DVlFZO k4wQdmNdog&oe=643B0D71).

No obstante, la cuestión de su nocividad desde el punto de vista humano sigue abierta. ¿Qué clase de inteligencia diseñaría unos insectos como estos? Según el evolucionismo, sería lógico que en el mundo de la supervivencia del más apto, los mosquitos actuaran de manera egoísta como el resto de las especies. Lo importante para ellos sería transmitir sus genes a la descendencia, aunque para ello tuvieran que matar personas o a otras especies biológicas. La selección natural favorecería, por tanto, a los más crueles y egoístas. Es del dominio público que cada vez que estas ideas se han intentado poner en práctica por el hombre, las consecuencias han sido nefastas para la humanidad. De ahí que la razón humana no quede moralmente satisfecha con dicha explicación. ¿Qué tipo de Dios habría creado un mundo así?

También se podría decir que dentro de la biosfera, en el ecosistema global de la Tierra, cada especie biológica juega un papel importante que contribuye al bienestar general de todos los seres vivos. Incluso podría pensarse que algunos buenos diseños originales se estropearon o degeneraron en tiempos remotos y se volvieron malignos, tal como ocurre en ciertas películas futuristas, en las que los robots se vuelven locos y se rebelan contra el ser humano que los ha diseñado. Desde luego, existen ejemplos de microbios perjudiciales que se tornan beneficiosos cuando cambian de ambiente. Este sería el caso de las numerosas bacterias que habitan en nuestro intestino.

Asimismo podrían citarse argumentos religiosos, como los que se abordan en el libro bíblico de Job y en otros lugares, acerca de que el mal tiene su origen en la rebeldía humana hacia el Creador. De manera que toda maldad, dolor, sufrimiento y la propia muerte vinieron como consecuencia el pecado humano, pero Dios nunca deseó el mal, únicamente lo permite a la espera de la consumación de sus planes eternos. Sin embargo, estas últimas respuestas de la teodicea, aunque sea importante abundar en ellas, sobrepasan la cuestión del Diseño inteligente. La misión fundamental de este es identificar el diseño real que existe en el mundo natural, no justificar la moralidad, las motivaciones o la identidad del diseñador. Esto último entra ya dentro del ámbito de la filosofía y la teología.

Lo único que la ciencia puede decir acerca de los mosquitos es que parecen estar muy bien diseñados, como la inmensa mayoría de las especies. Es posible que no nos gusten porque su modo de vida nos perjudica pero, desde luego, su diseño raya la perfección.

45
Las agallas desmienten a Darwin

Las agallas son estructuras que se forman en las plantas como consecuencia de la acción de insectos, gusanos, hongos, bacterias o virus. En realidad, se trata de la respuesta que proporciona el vegetal a la presencia del parásito. Generalmente suele producirse un crecimiento anómalo de tejido cuyo fin es aislar la acción de la especie parásita. Sin embargo, el tejido así formado, que puede adquirir formas muy diversas, constituye siempre un claro beneficio para la especie invasora ya que la protege de posibles depredadores y le proporciona un ambiente adecuado para su desarrollo. Existen miles de ejemplos de agallas que se originan en otras tantas especies vegetales. Una de las más comunes en nuestras latitudes son esas esferas parduzcas del tamaño de canicas que se forman en las hojas de los robles, como consecuencia de la deposición de los huevos de ciertas especies de insectos himenópteros.

Hoja de roble con varias agallas esféricas formadas por la deposición de huevos de la avispa *Cynips divisa*. El agujero de una agalla indica que el insecto ya se ha desarrollado y la ha abandonado (http://www.weloennig.de/PlantGalls.III.2020.pdf).

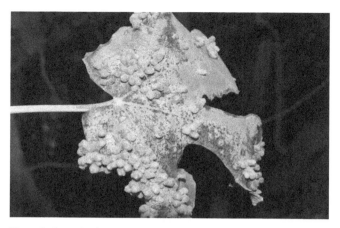

Hoja de la vid afectada de filoxera, en la que se aprecian agallas como verrugas verdosas.

Agallas en una hoja de *Eucaliptus* (Wikipedia).

Los botánicos saben, desde hace cientos de años, que el servicio que proporcionan ciertos vegetales a los organismos que los parasitan, mediante la formación de agallas, suele resultar en un perjuicio para las propias plantas. Cuando la infestación es masiva, puede causar atrofia en hojas y tallos, marchitamiento, despigmentación e incluso la muerte de la planta. Aunque lo más habitual es que la mayoría de los vegetales con agallas logren sobrevivir bien sin mayores consecuencias. No obstante, los insectos parásitos salen notablemente beneficiados de dicha relación ya que reciben una buena nutrición para sus larvas; se les proporciona a estas un excelente ambiente para vivir en la época más vulnerable de sus vidas; quedan bien protegidas de posibles depredadores; se las envuelve mediante capas formadas por compuestos fenólicos, como el ácido tánico y gálico, con propiedades antibacterianas, antifúngicas y antiinflamatorias; e incluso en ciertas especies la planta forma un cierre especialmente hermético que se abre en el momento adecuado para que el parásito pueda salir.

Algunas especies vegetales generan proteínas que son específicas y solo sirven para formar los tejidos de la agalla. Además se ha comprobado que las células constitutivas de dichos tejidos también están modificadas ya que presentan un núcleo más grande, una elevada actividad enzimática, más moléculas de ARN, numerosas vacuolas fragmentadas, muchas más mitocondrias, así como un denso citoplasma en el que se aprecian más carbohidratos y lípidos.[80] En síntesis, las agallas son como hoteles de cinco estrellas para los insectos y demás parásitos, que las plantas les ofrecen a estos prácticamente a cambio de nada. Más bien deben soportar algún que otro perjuicio.

El propio Darwin formuló en *El origen de las especies* un criterio de falsación de su teoría de la selección natural, al escribir: "La selección natural probablemente no puede producir ninguna modificación en una especie exclusivamente para el bien de otra especie. (…) Si se pudiese probar que una parte cualquiera de la estructura de una especie cualquiera se hubiera formado para ventaja exclusiva de otra especie, esto aniquilaría mi teoría, pues esta parte no podría haberse producido por selección natural".[81] Y, en la página siguiente, continúa: "La selección natural no producirá nunca en ningún ser conformación alguna que le resulte más perjudicial que beneficiosa, pues la selección natural obra solamente por el bien y para el bien de cada ser. No se formará ningún órgano, como ha hecho notar Paley, con el fin de causar dolor o de perjudicar al ser que lo posea (…), si una parte cualquiera llega a ser perjudicial, se modificará, y si no ocurre así, el ser se extinguirá, como se han extinguido millares de seres".[82] Pues bien, estas frases del propio Darwin confirman que los miles de agallas existentes en tantos vegetales desmienten o contradicen su teoría de la selección natural. Las más de cien mil especies vegetales existentes que presentan agallas

---

80   Wolf-Ekkehard Lönnig 25 November and 1 December 2020 (last updated 27 December 2020) *Plant Galls and Evolution (III): The origin of plant galls according to several "Fathers" of basic scientific branches: From Hippocrates (460-370 BC1) to Linné (1707-1778 AD) and Mendel (1822 – 1884 AD) to Darwin (1809-1882 AD). Also, abstracts and links to some present scientific authors (2020 ADi). A Historical Sketch.*
81   Darwin, Ch. 1980, *El origen de las especies*, Edaf, Madrid, p. 214.
82   *Ibid.*, p. 215.

proliferan por todo el planeta y, desde luego, no dan muestras de estar en proceso de extinción.

En resumen: la realidad biológica de las agallas demuestra que están pensadas para el uso exclusivo y el bienestar de innumerables insectos y otros organismos. Esto se opone a la propia definición de la teoría darwinista de la selección natural, pero es completamente coherente con la creencia en una mente inteligente que lo hizo todo con infinita generosidad.

46
Los orificios nasales de los halcones

¿Cómo puede respirar un ave a una velocidad de 320 km/h? A estas elevadas velocidades, los pequeños orificios nasales que tienen sobre el pico son incapaces de absorber aire ya que a su alrededor se genera una lámina del fluido gaseoso que tapona dichos orificios. Esto es lo que se desprende de la mecánica de fluidos, por tanto, en esas condiciones es muy complicado respirar. A los primeros aviones con motores a reacción les ocurría lo mismo. Cuando alcanzaban cierta velocidad, el flujo de aire se dividía en dos láminas externas y dejaba de entrar en los motores. Sin embargo, todas las especies de halcones –las aves rapaces más veloces que se conocen– poseen un pequeño cono en el interior de cada orificio nasal que les permite respirar a más de trescientos kilómetros por hora.

Los cernícalos (*Falco tinnunculus*), así como todas las demás especies de halcones, poseen en el interior de sus orificios nasales una pequeña estructura cónica que evita el tapón de aire y les permite respirar cuando vuelan a gran velocidad ya que la presión del aire en dichos orificios se equipara a la que existe en sus pulmones.

Estas pequeñas estructuras cónicas evitan la formación de tapones de aire en los orificios nasales y proporcionan la presión adecuada para que el aire pueda entrar en los pulmones del animal sin dañarlos.

La ciencia que estudia a los seres vivos para entender y aplicar sus soluciones naturales a los problemas humanos se conoce como biomimética. Pues bien, esta disciplina diseñó también un cono metálico (*spinner*) para colocarlo en el centro de los motores a reacción de los aviones y solucionó así el problema de la falta de aire y el recalentamiento en su interior. Además de resolver este problema aeronáutico, el pequeño cono de los halcones ha servido también para inspirar a los ingenieros a que puedan aprovechar el mismo viento, que mueve las aspas de los aerogeneradores, para refrigerar sus motores ya que esto mejora mucho la eficiencia de los mismos.

Modelo AS3 de avión supersónico de la compañía AERION, en el que pueden apreciarse los conos metálicos en el centro de los motores, inspirados en los orificios nasales de los halcones (https://www.businessinsider.es/as3-nuevo-avion-supersonico-suceder-concorde-843577).

Generalmente, cuando se habla de estas soluciones naturales a los problemas que plantea la física, suele decirse que la naturaleza es sabia o que tales resoluciones fueron logradas por la evolución al azar, después de muchos millones de años de intentos fallidos. Se concede así a las leyes de la naturaleza el beneficio de lograr diseños que parecen inteligentes, pero que, en realidad, solo serían el producto de la casualidad sobre la ruleta del tiempo. Sin embargo, las matemáticas demuestran que esto no puede ser así. Los cuatro mil millones de años que se le suponen a la vida en nuestro planeta no dan para lograr tanto diseño sofisticado, mediante la lotería de las mutaciones aleatorias. Se requiere algo más. Yo creo que este algo es el Dios que hizo los cielos, la tierra y la vida dentro de ella, por medio de un acto sobrenatural que la ciencia es incapaz de comprender.

47
El óvulo elige al espermatozoide

Durante 35 años, estuve enseñando a mis alumnos de ciencias naturales, en el instituto de bachillerato, algo que hoy se ha demostrado falso. Les explicaba la reproducción humana, mediante aquellas viejas diapositivas Kodachrome, tal como venía en sus libros de texto. Les decía que los espermatozoides más veloces llegaban primero al óvulo femenino y en cuanto uno de ellos lograba contactar con la "zona pelúcida" que lo recubre, este formaba una barrera para evitar la "poliespermia". Es decir, la posibilidad de que otros espermatozoides pudieran introducir también sus minúsculas cabecitas en esta zona y provocar una fecundación múltiple. Por tanto, la fertilización era como una carrera de obstáculos en la que ganaba siempre el más rápido, logrando así fusionar su ADN con el del óvulo. La veloz virilidad masculina determinaba siempre el resultado final, mientras que el gameto femenino era pasivo y se dejaba fecundar sin más. Pues bien, como generalmente suele ocurrir en biología, la cosa parece mucho más complicada.

Un estudio realizado por el genetista Joseph H. Nadeau ha puesto de manifiesto que el óvulo posee una importante función seleccionadora de los espermatozoides.[83] Al parecer, el óvulo femenino elige al espermatozoide que lo fecundará, en función de la calidad del ADN de este. Semejante descubrimiento ha sido algo revolucionario ya que da al traste con la antigua idea de pasividad del gameto femenino y proporciona mayor complejidad a la ley mendeliana de la aleatoriedad genética. Es como si las células sexuales se cortejaran entre ellas y fuera la femenina quien tomara la decisión final de fusionarse con la masculina. Más o menos como ocurre con el emparejamiento de tantísimas especies biológicas.

Uno de los principios fundamentales de la herencia de los organismos que se reproducen sexualmente, como las personas, es que los gametos o células sexuales se combinan al azar en la fertilización. Esto garantizaría una representación equilibrada y predecible de las variables heredadas en cada generación, según la Primera Ley de Mendel. Sin embargo,

---

83 Nadeau, J. H. 2017, Do Gametes Woo? Evidence for Their Nonrandom Union at Fertilization, *NIH, PublMed,* Oct., 207(2):369-387.

el descubrimiento de esta interacción especial entre el óvulo y el esperma podría modificar nuestra comprensión de la herencia y la reproducción.

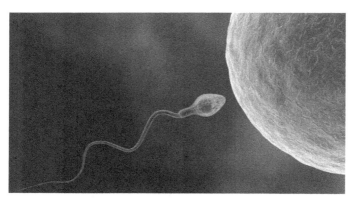

https://twitter.com/InformaCosmos/status/1656072434313822209/photo/1.

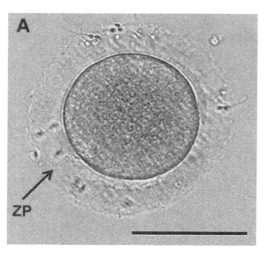

Imagen de un óvulo en la que se aprecia bien la zona pelúcida (ZP) del mismo, en la que aparecen algunos espermatozoides atrapados (Wikipedia).

Resulta que el primer espermatozoide que llega al óvulo no es el que lo fecunda. Esto es un mito de la biología que se ha venido aceptando hasta el día de hoy. Lo que realmente ocurre es que los primeros en llegar comienzan a debilitar la zona pelúcida. Esta capa translúcida del óvulo sirve, entre otras cosas, para protegerlo de bacterias, atraer a los espermatozoides y dejar entrar solo a uno. El elegido no suele ser de los primeros en llegar sino todo lo contrario. Estos se sacrifican por los demás, ablandando la capa para que alguno de los que arriban después –con mejor ADN– pueda atravesarla y fusionar su núcleo al del óvulo. Si no fuera por el poder atractivo de dicha capa, los espermatozoides pasarían de largo sin siquiera reconocer al óvulo. Por tanto, el elegido no será el más rápido sino aquel que se encuentre en el lugar adecuado y en el momento oportuno.

De manera que aquella idea estimulante, tantas veces repetida, con el fin de dar ánimo en los momentos difíciles: "¡adelante, recuerda que fuiste el primer espermatozoide en llegar!", es completamente falsa. Es el óvulo quien atrae a los millones de espermatozoides y selecciona, no al más veloz, sino a uno de los más adecuados desde el punto de vista genético. No obstante, todavía se desconoce cómo logra el óvulo hacer esto, qué mecanismos bioquímicos emplea para ello o de dónde ha recibido la información biológica necesaria para esta compleja selección de gametos masculinos. Detrás de cada puerta que la ciencia abre se nos muestra la sofisticada complejidad de los seres vivos. En mi opinión, esto nos indica continuamente que este mundo fue creado por una inteligencia infinita y no por la casualidad natural.

48
El origen del lenguaje

El capítulo once de Génesis empieza con estas palabras: "Tenía entonces toda la tierra una sola lengua y unas mismas palabras" (Gn 11:1). Inmediatamente después se explica cómo a partir de esa primera lengua surgieron otros lenguajes por intervención sobrenatural de Dios. La construcción de la torre de Babel en Sinar –región de Mesopotamia que entonces era privilegiada en recursos naturales– pone de manifiesto el rechazo constante del ser humano a depender de su creador o a obedecer sus propósitos divinos. El significado de la torre, cuya cúspide pretendía "llegar al cielo", no era otro que instaurar sobre ella un culto idolátrico que conectara la tierra con el cielo. Es decir, un desafío en toda regla a la soberanía de Dios. La lengua no es solo un modo de comunicación entre las personas sino un reflejo de la cultura, creencias e idiosincrasia de cada pueblo.

Hoy se conocen en el mundo alrededor de 7100 idiomas distintos. En Asia se hablan unos 2300, en África otros 2138, en América 1064, mientras que en Europa solamente 286 idiomas.[84] ¿Cómo han podido surgir tantas lenguas diferentes a partir de una sola? Según los planteamientos evolucionistas, el lenguaje humano podría haber aparecido gradualmente a partir de los gruñidos animales, al asignar nombres a objetos domésticos, herramientas y organismos. Poco a poco, dichos nombres se habrían ido juntando con verbos para formar frases breves como "traer comida", "beber agua" o "ir a cazar", etc. Y así sucesivamente, a medida que los cerebros de los homínidos fueron creciendo, dichos símbolos se habrían hechos más complejos hasta generar los sofisticados lenguajes actuales. El problema de esta sugerencia es que no se conocen hechos que la respalden.

Tal como escribió el paleontólogo evolucionista catalán, Miguel Crusafont –de quien fui alumno en la Universidad de Barcelona–: "Ciñéndonos ahora a la cuestión de la aparición del lenguaje, parece que podemos conjeturar, (…) la existencia de una filogenia de este lenguaje a lo largo del proceso de Antropogénesis, (…) parecida a la ontogenia del mismo". Y, sin embargo, poco después admite que en la especie humana "la emisión y organización de un lenguaje articulado requiere condiciones cerebrales

---

84 https://www.astex.es/idiomas-mas-hablados-mundo/#:~:text=Aunque%20no%20hay%20una%20cifra,que%20en%20Europa%20solamente%20286.

que no se hallan en el estado irracional".[85] Es decir, primero fundamenta la aparición del lenguaje humano en la desacreditada ley biogenética de Haeckel –que afirma que el desarrollo embrionario es como una película a cámara rápida de la evolución– y luego afirma que las condiciones del cerebro humano para el habla no existen en los simios. Semejante "conjetura" parece pues notablemente contradictoria. Lo cierto es que actualmente –casi medio siglo después de esta opinión de Crusafont– los expertos en el tema continúan reconociendo graves dificultades para explicar el origen evolutivo del lenguaje. Todavía no se conoce cómo ni por qué pudo evolucionar el habla humana a partir del simple gruñido animal ya que ni los simios ni ningún otro organismo proporcionan paralelos relevantes con la comunicación verbal de las personas.

Sin embargo, en el año 2001, se descubrió que varias personas de una misma familia de Inglaterra, con disfunciones lingüísticas, tenían un gen mutado en el cromosoma número siete. A dicho gen, que era portador de una sola letra mal escrita, se le denominó FOXP2 y hoy se le conoce como "el gen del lenguaje" ya que permitió creer que existe una base genética para los idiomas. Pudo comprobarse que la secuencia de este mismo gen es notablemente estable en casi todos los mamíferos, sin embargo el ser humano presenta dos cambios importantes que se cree que debieron ocurrir hace unos cien mil años. En este sentido, el conocido genetista estadounidense Francis S. Collins afirmó que: "los cambios recientes en el FOXP2 pueden haber contribuido de alguna manera al desarrollo del lenguaje en los seres humanos".[86] Por tanto, desde el evolucionismo y simplificando mucho las cosas, la capacidad del habla en las personas habría surgido como una simple mutación genética generada por casualidad en el ADN de algún simio ancestral.

Yo creo que esta "explicación" evolutiva del origen del lenguaje es como encogerse de hombros y decir que, en realidad, no lo sabemos. Si nuestra capacidad para hablar se debió solamente a una mutación genética en el cromosoma 7 de algunos simios, entonces apenas si nos separaba nada de sus gruñidos irracionales. ¿Acaso no se parece esto a una mutación milagrosa con un propósito concreto? Si hubiera sido así y nuestras capacidades cognitivas hubieran evolucionado tan rápidamente, a causa solo de una o dos mutaciones únicas que habrían provocado un recableado del cerebro, eso significaría que nuestra inteligencia se encontraba ya a punto para empezar a hablar y que solo necesitaba el empuje de unas pocas mutaciones específicas. Pero ¿cómo pudimos llegar hasta ese elevado nivel? Si

---

85 Crusafont, M. 1976, "Dinámica biológica de la antropogénesis" en *La Evolución*, BAC, Madrid, p. 562.
86 Collins, F. S. 2009, *¿Cómo habla Dios?*, Planeta Mexicana, Bogotá, p. 153.

esta historia fuera cierta, ¿no implica acaso que tal evolución llevaba una dirección concreta, un propósito latente y un diseño previo orientado hacia el surgimiento del lenguaje y la cognición humana? No obstante, es sabido que el neodarwinismo niega cualquier tipo de teleología o dirección en el proceso evolutivo y que este se debe única y exclusivamente al azar. Esta perspectiva del origen del lenguaje centrada en los genes (gencentrista) es actualmente rechazada por otros investigadores.

El gen FOXP2, según el prestigioso lingüista judío Noam Chomsky y sus seguidores, no tendría nada que ver con la facultad del lenguaje, sino con cuestiones de coordinación motora que intervienen en la articulación del habla, pero que serían periféricas respecto a ella.[87] Desde los años 50, Chomsky viene sosteniendo la teoría de que el habla materna se adquiere de forma automática, a partir de principios inconscientes compartidos por todas las lenguas del mundo. El lenguaje sería algo innato que no dependería tanto de la dotación genética como de otros principios más medioambientales y cerebrales. Es decir, que el origen de la capacidad humana para hablar sigue siendo hoy tan misterioso como siempre ya que se trata de un fenómeno único e inexplicable por parte de la ciencia.

Posteriormente, en un artículo publicado en *Nature,* en el 2018, se informó también que el famoso gen FOXP2 no era especial en los humanos y no estaba bajo una fuerte presión de selección, ni tampoco había sufrido cambios en la historia reciente del *Homo sapiens*.[88] O sea, que todo lo dicho anteriormente acerca de dicho gen, simplemente podría ser falso ya que se trataba de una propuesta demasiado simplista. Lo más lógico sería pensar que hubiera muchos factores involucrados en el aprendizaje de un idioma, tales como la comprensión, percepción, sintaxis, uso, símbolos, cognición, producción, etc. Creer que todo esto se debe solo a una o dos mutaciones no resulta sensato, más bien debería haber cambios en múltiples genes y se requerirían, por tanto, muchas mutaciones diferentes en el ADN. No obstante, si se necesitan numerosos cambios en los genes para explicar evolutivamente el origen del lenguaje, esto supone un gran desafío al darwinismo ya que tales procesos operarían supuestamente sin una supervisión inteligente, serían muy ineficientes y requerirían demasiados millones de

---

87 Katz, Y., 2012, Noam Chomsky on Where Artificial Intelligence Went Wrong. *The Atlantic,* http://www.theatlantic.com/technology/archive/2012/11/noam-chomsky-on-where-artificial-intelligence-went-wrong/261637/?single_page=true].

88 Warren, M. 2018, Diverse genome study upends understanding of how language evolved. Research casts doubt on the idea that the *FOXP2* gene —linked to language evolution— is special to modern humans, *News Nature,* 02 Aug 2018, https://www.nature.com/articles/d41586-018-05859-7.

años para producirse. Muchos más de los 6 a 8 millones de años que el tiempo evolutivo prevé.[89]

Es decir, que si se consideran todas las diferencias genéticas, anatómicas, fisiológicas y cognitivas relacionadas con el lenguaje, que existen entre simios como los chimpancés y nosotros, se requerirían más de 200 millones de años para que pudieran aparecer por evolución no guiada. El problema es que el ser humano se habría separado de los simios, supuestamente, hace solo entre 6 y 8 millones de años. Esto representa un gran desafío de la genética de poblaciones para la explicación neodarwinista del origen del lenguaje y en general de la cognición humana.

La capacidad de hablar requiere características anatómicas especiales, como la forma y posición de la laringe así como de los centros del lenguaje en el cerebro. También se necesita ese conocimiento innato de las reglas gramaticales que parece estar integrado en las neuronas de nuestro cerebro. Es sabido que los niños pequeños con solo tres años conocen dichas reglas de manera instintiva, sin embargo, los simios carecen de dicho instinto. Para poder hablar es menester pensar de manera abstracta porque las palabras son símbolos que representan ideas, conceptos o cosas. Al construir frases complejas podemos transmitir pensamientos, decisiones y proyectos a los demás. Pero también nos resulta posible reflexionar personalmente, hacer literatura o ciencia, imaginar, elucubrar sobre el origen de las cosas y de nosotros mismos. El pensamiento abstracto nos abre las puertas de la creatividad, la espiritualidad, el sentimiento religioso y la trascendencia. Todo esto puede hacerse gracias al lenguaje exclusivamente humano. ¿De dónde nos vino semejante capacidad?

Se trata de un salto ontológico espectacular, no de una simple innovación genética. Algo que solo pudo darse por medio de un creador inteligente y misericordioso. No somos monos trucados sino hijos del Altísimo, hechos a su imagen y semejanza. Por eso fracasan tantos genios humanos al intentar explicar el origen del lenguaje, porque en vez de aceptar la realidad de Dios, solo buscan explicaciones naturalistas.

---

89 Durrett, R. and Schmidt, D. 2008, Waiting for Two Mutations: With Applications to Regulatory Sequence Evolution and the Limits of Darwinian Evolution, *Genetics*, 180 (3): 1501-1509, doi: 10.1534/genetics.107.082610, PMCID: PMC2581952.

49
La epigenética acabó con los genes egoístas de Dawkins

Hace casi medio siglo que el biólogo ateo Richard Dawkins publicó su polémico libro *El gen egoísta*, que la editorial Labor editó en castellano en 1979.[90] En dicho texto se decían cosas como que los seres humanos "somos máquinas supervivientes, vehículos autómatas programados a ciegas con el fin de preservar las egoístas moléculas conocidas con el nombre de genes" (pág. 11). La consecuencia lógica de tal afirmación era que "el amor universal y el bienestar de las especies consideradas en su conjunto son conceptos que, simplemente, carecen de sentido en cuanto a la evolución" (pág. 17). ¿Qué valoración se puede hacer hoy de estas antiguas ideas, después de los últimos descubrimientos genéticos?

El concepto del gen egoísta sostiene que la selección natural tiene lugar a nivel genético y que los genes serían, por tanto, las unidades de dicha selección. Sin embargo, la reciente disciplina de la epigenética no se ajusta a este concepto del gen egoísta. ¿Qué dice la epigenética? Esta se define como el estudio de los mecanismos que modifican la expresión génica pero que no son hereditarios. Actualmente se ha podido comprobar que tanto el comportamiento de los seres vivos como el entorno ambiental en el que viven afectan al funcionamiento de sus genes. Tales influencias son capaces de activar o desactivar genes y esto le da más importancia al fenotipo (conjunto de rasgos observables de un individuo) que al genotipo (conjunto de genes de un individuo). Entonces, ¿qué beneficio puede tener para un determinado gen –por muy egoísta que este sea– un cambio no hereditario que solo afecta al organismo que lo posee? ¿Por qué se seleccionaría un mecanismo así? Este es el problema que plantea la epigenética a la teoría del gen egoísta. La influencia del comportamiento y del medio ambiente sobre los genes tiene sentido a nivel de todo el organismo y no solo de su ADN. Por tanto, la unidad de selección no sería el gen sino todo el sistema del organismo en cuestión.

Por ejemplo, los genes maestros o reguladores (genes Hox), –llamados así porque están muy implicados en el desarrollo embrionario ya que se

---

90 Dawkins, R. 1979, *El gen egoísta*, Labor, Barcelona.

encargan de la regulación de la diferenciación celular y del aspecto general de los seres vivos– dependen de otros genes para su activación y función. Es decir que actúan dentro del contexto de todo el sistema vivo y están indefensos e inoperantes sin la acción de los demás genes activadores. ¿Cómo podrían tales genes Hox ser una unidad de selección? ¿Acaso cabría pensar que son egoístas y prefieren reproducirse o perpetuarse a sí mismos, más que servir al organismo del que forman parte? Desde luego que no. No hay ninguna evidencia de ello. Más que egoísmo, lo que se observa en estos mecanismos genéticos es cooperación y dependencia, enfocadas al buen funcionamiento de todo el ser vivo. De manera que la epigenética le ha dado la puntilla definitiva al gen egoísta de Dawkins.

50
Una vida con propósito

El evolucionismo se refiere habitualmente a las adaptaciones de los seres vivos al medioambiente. Sin embargo, uno de los problemas más difíciles de explicar mediante la biología evolutiva es cómo logran las adaptaciones aparecer en el momento adecuado. Lo que requiere una explicación no es tanto la "supervivencia del más apto" sino el "origen" del más apto. En ocasiones, para solucionar esta dificultad, se habla de "preadaptación". Es decir, los organismos se preparan de antemano para lo que vendrá después. Por ejemplo, suele afirmarse que las algas –que se cree que colonizaron la tierra hace unos 450 millones de años– lograron pasar del agua a la tierra porque ya estaban preadaptadas y sabían de antemano cómo sobrevivir en el medio seco.[91] ¿Cómo pudieron adquirir semejante información preadaptativa?

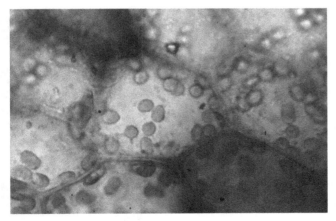

Las pequeñas esferas verdes son cloroplastos de células de un alga de agua dulce.

---

[91] Delaux, P.-M. et al. 2015, Algal ancestor of land plants was preadapted for symbiosis, *PNAS*, October 5, 2015, 112 (43) 13390-13395. https://doi.org/10.1073/pnas.1515426112.

Se dice que gracias a alguna razón desconocida, las algas acuáticas debieron tener una relación simbiótica con los hongos terrestres. ¿Cómo se sabe esto? Porque tanto las algas como los hongos que actualmente viven en simbiosis –los llamados líquenes– presentan unos genes similares. De manera que la biología evolutiva llama preadaptación (también conocida como "cooptación" o "exaptación") a la idea de que los seres vivos desarrollan unos genes y mecanismos que a ellos no les resultan útiles, pero que sus descendientes usarán en algún momento del futuro. No obstante, se llame como se llame, se trata de un proceso que solo admite dos posibilidades: o bien es algo extraordinariamente improbable –como que a uno le toque la lotería mil veces seguidas– o bien es un proceso dirigido con una finalidad concreta. Es sabido que el darwinismo rechaza la creencia en una evolución dirigida. Sin embargo, la previsión sería lo que cabría esperar del diseño inteligente.

Si esto es así en la naturaleza, si cada especie parece pensada con un determinado propósito, ¿cuál es el nuestro? ¿Con qué intención fue creado el ser humano? ¿Cuál es el deseo del Creador para la vida de cada persona? ¿Estamos respondiendo eficazmente a ese diseño antrópico original?

51
El olfato del tiburón

Uno de los grandes misterios de la ictiología (ciencia que estudia los peces) es cómo consiguen orientarse en el agua. Incluso algunas especies consideradas primitivas como los tiburones, son capaces de nadar en línea recta, en plena oscuridad y sin desviarse a lo largo de grandes distancias oceánicas. Se ha podido comprobar que los órganos olfativos de los peces son asombrosamente complejos. En el reducido espacio de sus fosas nasales existe un conjunto de receptores químicos tan sensibles a los olores que difícilmente podrían ser igualados por alguna otra red informática artificial.

En un trabajo científico publicado en la revista *PLOS ONE*, se demostró que la experiencia olfativa estaba muy extendida también en el mundo acuático, incluso en peces elasmobranquios como los tiburones.[92] Al parecer, las señales químicas presentes en el agua guían también a los animales marinos en el entorno pelágico. Esto ya se sabía de peces teleósteos como los salmones, pero no se había documentado entre los tiburones. Se ha visto que el olfato de estos animales está constituido por numerosos sistemas que funcionan juntos como una unidad. Existen neuronas sensoriales olfativas equipadas con cilios sensibles a las señales químicas y mecánicas. Estos cilios poseen receptores terminales que deben adaptarse como un guante a las moléculas olorosas del medio. Cada neurona tiene que responder a una determinada sustancia química por medio de toda una compleja cascada de señales, incluidos bucles de retroalimentación de expresión génica y corrientes eléctricas que viajan por los axones de las neuronas. Además, estas señales deben saber adónde dirigirse para transmitir su mensaje, es decir, a determinados puntos concretos del bulbo olfativo.

Este bulbo es un increíble dispositivo de clasificación de señales. Recibe todas las que le llegan procedentes de millones de neuronas, mide su número, intensidad y retraso temporal y reduce toda esta información a un código combinatorio. Después, envía tal información a lugares específicos del cerebro del pez, donde será reconocida y entendida. Sin embargo, esto solo puede hacerse porque además el animal posee una especie de mapa

---

92 Nosal, A. P., Chao, Y., Farrara, J. D., Chai, F. y Hastings, Ph. A., 2016, Olfaction Contributes to Pelagic Navigation in a Coastal Shark, *PLoS ONE*, 11(1), January 6, https://doi.org/10.1371/journal.pone.0143758.

espacial incorporado que le permite saber dónde se halla en cada momento y hacia dónde debe dirigirse. Por último, el tiburón posee un software para saber qué hacer con toda esa información: cuándo debe cambiar de dirección, cómo cazar una posible presa, huir de un determinado depredador o cualquier otra acción adecuada. Dicho software debe a su vez estar vinculado a los músculos y nervios que le facilitarán reaccionar correctamente en cada momento. Es decir, toda una estructura olfativa de gran complejidad (irreductiblemente compleja) que difícilmente se habría podido generar por mutaciones al azar.

Ejemplar de tiburón raya (*Rhina ancylostoma*) propio de las costas del océano Índico.

Si dar cuenta de todo esto por medio de los conocidos procesos darwinistas supone ya un serio desafío, ¿qué decir cuando se afirma que esta increíble habilidad de peces y tiburones se repitió también por casualidad en los insectos y en las aves? Referirse al concepto de "evolución convergente" no es dar una respuesta adecuada pues no explica en absoluto cómo pudo ocurrir. Se trata en el fondo de una confesión de ignorancia. Si es ya matemáticamente milagroso que el olfato de estos peces se formara por mutaciones aleatorias una primera vez, ¿cómo creer que dicho mecanismo evolucionara también de manera independiente varias veces más? Pues bien, semejante dificultad se repite también a propósito de los otros sentidos que son tan complejos o más que el del olfato: el oído, la vista, la detección del campo magnético terrestre, etc.

En mi opinión, cuando se observa con detenimiento cualquier criatura de la biosfera, inmediatamente se aprecia que no se trata de un montaje al azar sino que hay detrás una lógica interna exquisitamente racional. Si esto se entendiera siempre así, probablemente las investigaciones científicas obtendrían mejores resultados. La naturaleza está repleta de ejemplos similares que respaldan el Diseño inteligente y descartan los procesos ciegos de las mutaciones y la selección natural.

52
La inteligencia de las células

Hace más de 60 años que el biofísico Francis Crick, ganador del premio Nobel por el descubrimiento de la estructura de la molécula de ADN, propuso en la Universidad de Oxford el dogma central de la biología moderna. Este consistía en que la información contenida en dicha molécula pasaba al ARN y de este a las proteínas. Semejante concepción aseguraba el gobierno de los genes sobre la herencia y condicionaba todo el supuesto proceso evolutivo de los seres vivos. La creencia en este dogma biológico le hizo escribir a Crick que el ser humano, igual que el resto de los animales, no éramos más que un paquete de neuronas creado por los genes.[93] Posteriormente, otros muchos autores como el biólogo Richard Dawkins, continuaron ensalzando los genes y catalogándolos de egoístas porque supuestamente nos manipulaban para sus propios fines.

No obstante, nuevos descubrimientos han venido a cuestionar seriamente estos principios de la biología. Resulta que las células nerviosas de los seres vivos –las llamadas neuronas– son capaces de autoorganizarse inteligentemente y procesar la información genética.[94] Esto exige un dogma central diferente ante la constatación de que en los seres vivos existen también fuerzas distintas a los genes. ¿Es que las células son capaces de pensar y actuar en consecuencia? ¿Acaso son más inteligentes de lo que se creía hasta ahora?

Hoy se sabe que todas las partes de la célula participan en la resolución de los problemas que van surgiendo, como si se tratara de un todo organizado. De manera que cada célula es capaz de autoorganizarse y para ello no parece depender en exclusiva de la acción o información de los genes. El origen de esta inteligencia o cognición celular es quizás uno de los mayores enigmas de la biología actual, junto al problema del origen de la vida. Nadie sabe cómo las células pudieron llegar a tal grado de sofisticación y volverse tan complejas e inteligentes. Incluso parece que sean capaces

---

93   Crick, F. 1995, *Astonishing Hypothesis: The Scientific Search for the Soul,* Simon & Scribner, New York.
94   Miller, W. B., Baluška, F. & Reber, A. S., 2023, A revised central dogma for the 21st century: All biology is cognitive information processing, *Progress in Biophysics and Molecular Biology,* Vol. 182, pp. 34-48. https://doi.org/10.1016/j.pbiomolbio.2023.05.005.

de pensar y tomar siempre las mejores decisiones. ¿Cómo es posible que semejante nivel de inteligencia celular haya aparecido en la naturaleza sin ningún tipo de diseño previo? Esta es otra dificultad con la que se encuentra la biología evolutiva actual, a la que por supuesto el antiguo materialismo de los descubridores del ADN no responde satisfactoriamente.

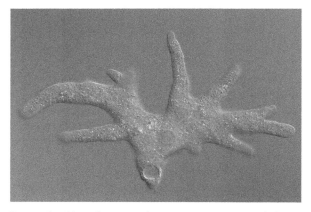

La ameba (*Amoeba proteus*) es un protozoo unicelular capaz de emitir pseudópodos o falsos brazos en dirección a la fuente de alimento (Wikimedia Commons).

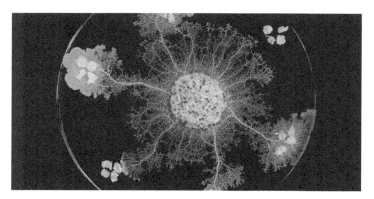

El moho mucilaginoso *Physarum polycephalum* es capaz de conectar de forma eficiente y por el camino más corto con diferentes fuentes de alimento dispersas (Wikipedia).

Un claro ejemplo de esta inteligencia celular (llamada también "cognición autorreferencial") es la que se observa en las células de un hongo que fue usado hace una década por ingenieros nipones y británicos para mejorar el sistema ferroviario de Tokio.[95] Se trata del moho mucilaginoso *Physarum polycephalum* que es capaz de conectar de forma eficiente con diferentes fuentes de alimento dispersas a su alrededor. Sus células son capaces de recibir, procesar y responder a señales del entorno de manera adaptativa. Aunque carecen de sistema nervioso centralizado como el de los animales, pueden percibir ciertas señales químicas y físicas, comunicarse, tomar decisiones y coordinarse internamente por medio de redes de señalización molecular.

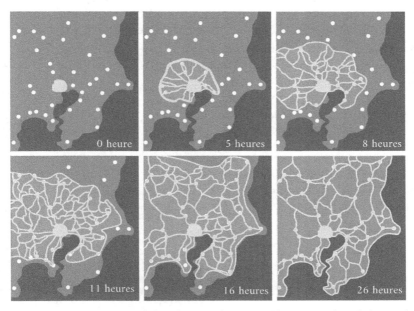

Dibujos del crecimiento del moho mucilaginoso *Physarum polycephalum*, sobre el mapa de Tokio y ciudades periféricas, según el experimento del profesor Toshiyuki Nakagaki (Wikipedia).

Los investigadores colocaron copos de avena sobre pequeñas superficies húmedas, en los puntos de un mapa que se correspondían con las ciudades periféricas a Tokio. Posteriormente, dejaron crecer al hongo desde el centro hacia el exterior y observaron cómo las células se autoorganizaban y extendían por el mapa enlazando mediante túbulos todas las ciudades

---

95 Wogan, T. 2010, Ride the Slime Mold Express! Gelatinous organism reproduces plan of Tokyo rail network, *Science*, https://www.science.org/content/article/ride-slime-mold-express.

de manera eficiente, buscando siempre las distancias más cortas y fiables dentro de una compleja red, con lo que reducían notablemente los costes en infraestructuras ferroviarias. De manera que aquello que suele hacer siempre dicho hongo, buscar su alimento por la vía más breve y rápida aunque se halle dentro de un complejo laberinto, sirvió a los investigadores para crear nuevos modelos matemáticos inspirados en la biología que solucionaban problemas técnicos e informáticos. El moho fue decisivo para determinar dónde debían estar las estaciones, con el fin de que el consumo energético fuera mínimo, y puso en evidencia los problemas generales que tenía el metro de Tokio. De ahí que algunos medios de comunicación se refirieran a dicho organismo como el "moho inteligente".

Con razón decía Job hace miles de años:

… pregunta ahora a las bestias, y ellas te enseñarán;
a las aves de los cielos, y ellas te lo mostrarán;
o habla a la tierra, y ella te enseñará;
los peces del mar te lo declararán también.
¿Qué cosa de todas estas no entiende
que la mano del Señor la hizo?
En su mano está el alma de todo viviente,
y el hálito de todo el género humano.
Con Dios está la sabiduría y el poder;
suyo es el consejo y la inteligencia (Jb 12:7-13).

Conclusión

Hace unos veinte años, escribí un libro titulado "La Ciencia, ¿encuentra a Dios?" (Clie, 2004), que dediqué a la memoria del conocido pastor protestante español, don Samuel Vila, ya que él había escrito otro titulado "Pruebas tangibles de la existencia de Dios" (Clie, 1973). Pues bien, después de medio siglo, las pruebas científicas que apuntan a la necesidad de una mente inteligente creadora del universo no han disminuido sino que han aumentado considerablemente.

No son pruebas experimentales o matemáticas que demuestren científicamente la existencia del Creador (como dos y dos son cuatro) —esto es algo que la ciencia humana no puede hacer— sino más bien se trata de evidencias o pruebas circunstanciales, como las que un abogado presentaría en un juicio, con el fin de argumentar a favor de algún caso.

Lo que ya se decía hace dos décadas, ahora lo corrobora un reciente libro titulado: "Dios, la ciencia, las pruebas" de Michel-Yves Bolloré y Olivier Bonnassies (Funambulista, 2023), que se ha convertido en un *bestseller* en Francia, del que se han vendido más de 300 000 ejemplares. Sus autores afirman que las principales pruebas científicas que apoyan la existencia de Dios son las siguientes:

1. La muerte térmica del universo.
2. La teoría de la relatividad general.
3. La teoría del *big bang*.
4. El ajuste fino del universo.
5. El principio antrópico.
6. El misterioso origen de la vida.
7. El incomprensible origen de la información biológica (ADN).
8. El ajuste fino de las máquinas moleculares y de las reacciones metabólicas de la célula.

Veamos en qué consiste cada una de estas pruebas científicas.

1. La muerte térmica del universo

El universo es comparable a un fuego que arde en la chimenea. Ambos están destinados a consumirse en un plazo más o menos largo. Igual que en pocas horas la leña que arde queda convertida en cenizas, también el cosmos está destinado a la muerte térmica, ya que se consume a una velocidad observable. Esto significa que de la misma manera que el fuego no puede estar ardiendo desde siempre, el universo tampoco puede ser eterno. Si existiese desde siempre ya se habría agotado y habría llegado a su término.

De ahí que la muerte térmica del universo permite suponer que tuvo un principio absoluto. Y, si tuvo un comienzo en el tiempo, es porque también existe una causa que lo produjo.

Hoy se cree que dentro de 4500 millones de años, la Tierra será destruida cuando el Sol se transforme en una gigante roja, cuyo diámetro crecerá hasta llegar al planeta Marte, antes de apagarse ya que se habrá consumido todo el hidrógeno que contiene. Y dentro de un tiempo casi inimaginable de 10^{100} años (es decir, de cientos de miles de millones de miles de millones de años) se produciría la muerte térmica de todo el universo. Se cree que entonces comenzaría lo que se llama el "periodo oscuro" (*Dark Era*) en el que solo quedarían fotones en un espacio gigantesco que tenderían poco a poco hacia el cero absoluto. Esto es lo que hoy cree la cosmología, apoyándose en las leyes de la termodinámica –sobre todo en el aumento de la entropía (desorden)–, es decir que el universo se acabará. Y, si se acaba, es porque comenzó. Y si comenzó, es porque tuvo una causa que lo inició.

2. La teoría de la relatividad general

A comienzos del siglo XX, la mayor parte de los científicos creía que el universo era fijo, inmutable, infinito, sin límites en el tiempo y el espacio. Sin embargo, un joven científico, llamado Albert Einstein vino a cambiar las cosas en 1915, mediante su teoría de la gravitación o de la relatividad general. Einstein dirá que el espacio, el tiempo y la materia están vinculados y que la presencia de materia o de energía deforma la trama del espacio-tiempo. Según esta teoría, los planetas no giran alrededor del Sol, sino que avanzan hacia adelante, solo que lo hacen en un espacio localmente curvado por el campo gravitacional del Sol.

Esto lo confirma el astrónomo sir Arthur Eddington en 1919 gracias a la observación de un eclipse solar. Ve la alteración de la posición aparente de las estrellas visualmente vecinas del Sol, tal como había predicho Einstein. Esta distorsión del espacio-tiempo será también confirmada en 1954 por relojes atómicos embarcados en un avión a reacción. Al finalizar el vuelo, se comprobó que estos relojes habían avanzado algunas millonésimas de segundo con respecto a los relojes que había en Tierra. De manera que, para un observador que esté en la Tierra el tiempo pasa más despacio que para un astronauta que esté viajando por el espacio. Todos los hechos descubiertos confirmaban la teoría de la relatividad de Einstein.

Sin embargo, él seguía creyendo en un universo fijo e inmutable. La idea de un cosmos en expansión le parecía inconcebible. Y para mantener su creencia en un universo estacionario, propuso una constante cosmológica que sostuviera el modelo de un universo estático. Sin embargo, en 1922, otro joven cosmólogo ruso llamado Alexander Friedmann cuestionó la necesidad de la constante cosmológica de Einstein. Y, basándose en los trabajos del propio Einstein, publicó la primera teoría del universo en expansión. Finalmente Einstein reconoció que se había equivocado y dijo que este había sido el gran error de su vida. Unos años más tarde, otros investigadores, como el sacerdote belga Georges Lemaître apoyaron también la teoría de la expansión del universo. Esta implicaba que el cosmos había tenido un origen a partir de un átomo primitivo que habría concentrado toda la materia y energía del universo, creando también de este modo el espacio y el tiempo.

Como esto se parecía tanto a la creación del Génesis bíblico, muchos científicos ateos se propusieron buscar argumentos para derrocar la teoría del *big bang*. Se inventaron hipótesis como la del universo estacionario de Fred Hoyle, que sería infinito, eterno y en expansión muy lenta ya que supuestamente irían surgiendo siempre átomos indetectables a partir de la nada. Precisamente, este astrofísico inglés fue quien se inventó la expresión *"big bang"* para ridiculizarla. Sin embargo, a medida que se iban acumulando las pruebas a favor del modelo estándar del *big bang*, Fred Hoyle se fue moderando y tras años de ateísmo, terminó por volverse deísta.

Él llegó a escribir: *No creo que un solo científico, examinando las reacciones nucleares de fabricación del carbono en las estrellas, pueda evitar la conclusión de que las leyes de la física han sido elegidas deliberadamente.*[96]

3. La teoría del *big bang*

Durante todo el siglo XX, ha habido muchos astrofísicos agnósticos o ateos que han intentado elaborar modelos alternativos para explicar el universo en expansión, pero sin un comienzo absoluto, tal como predice el *big bang*. No obstante, todos esos modelos se han estrellado ante la realidad de las pruebas observadas. Quizás esta cantidad de modelos pueda hacer creer erróneamente a los profanos que la cosmología está cambiando continuamente ya que nuevas teorías aparecen y desaparecen sin poder ser probadas. Sin embargo, esto no es así. Tal como escribe el filósofo norteamericano William Lane Craig:

---

[96] Hoyle, F. & Wickramasinhe, Ch., 1982, *Evolution from Space*, New York, Simon & Schuster, p. 14.

> *Se puede decir con confianza que ningún modelo cosmológico ha sido verificado tan repetidamente en sus predicciones y tan confirmado por los intentos de su refutación, ni ha resultado tan concordante con los descubrimientos empíricos y tan filosóficamente coherente y sencillo como el modelo estándar del big bang.*[97]

El *big bang* (gran explosión) no fue una explosión fortuita, al azar, desordenada o aleatoria sino todo lo contrario: un despliegue sumamente organizado y preciso que se produjo en varias etapas. Todos los elementos del universo aparecieron progresivamente.

Antes de dicho acontecimiento no había nada, ni espacio, ni tiempo, ni materia, ni energía sino que todo esto emergió del átomo primitivo y empezó a estirarse rápidamente. No se puede hablar de "antes" del *big bang* porque no hubo un "antes".

Si la ciencia confirma que el tiempo, el espacio y la materia tuvieron un principio absoluto, entonces el universo proviene de una causa que no puede ser temporal, ni espacial, ni material. Es decir, que la causa no puede ser natural sino intemporal, inmaterial y trascendente. Y esto conduce a la existencia de un Dios sobrenatural.

El instante inicial del *big bang* (conocido como "instante de Planck") es imposible de describir a partir de las leyes conocidas de la física. Por tanto, se trata de realidades de las que solo se puede hablar de manera indirecta y sin tener el más mínimo conocimiento de los fenómenos que actúan. Algunos creen que algún día la ciencia averiguará lo que había antes del *big bang*. Sin embargo, otros piensan que ese estado anterior al espacio-tiempo siempre se encontrará fuera de la ciencia experimental.

Stephen Hawking, por ejemplo, intentó usar números imaginarios (que siempre son negativos al cuadrado) para hablar de un tiempo imaginario antes del *big bang* y eliminar así la necesidad de un comienzo cósmico. Sin embargo, no consiguió eliminarlo porque cuando los números imaginarios se vuelven a convertir en números reales, la singularidad inicial vuelve a aparecer. Si antes del *big bang* no podía haber materia, ¿qué debía existir que fuera inmaterial? Algunos dicen: la información pura ya que esta es inmaterial. Quizás había una especie de código de esencia matemática. Una información primordial que habría "programado" meticulosamente el nacimiento del universo. Sí, pero ¿quién debía ser el fabuloso "Programador" de semejante código?

---

[97] Craig, W. L., 2018, *Fe razonable, apologética y veracidad cristiana*, Publicaciones Kerigma, pp. 145-146.

CONCLUSIÓN

4. El ajuste fino del universo

El universo, su principio y su funcionamiento se fundamenta en unos veinte valores numéricos que se crearon en el primer instante y que se han mantenido constantes desde entonces. No puede decirse que estos valores constantes hayan evolucionado con el tiempo –en el sentido darwinista– porque no cambian, son fijos e inmutables desde que aparecieron. Se trata de constantes como los siguientes:

- La fuerza de la gravedad: $G = 6,67418 \times 10^{-11}$ m^3 kg^{-1} s^{-2}
- La fuerza electromagnética: alfa = 0,0072973525376
- La interacción fuerte, que asegura la cohesión de los núcleos atómicos
- La interacción débil, dentro del núcleo de los átomos
- La velocidad de la luz: $c = 299\ 792\ 458$ m x s^{-1} (300 000 km x s^{-1})
- La constante de Planck: $h = 6,626070040 \times 10^{-34}$ J x s
- La constante de Boltzmann: $k = 1,380649 \times 10^{-23}$ J x K^{-1}
- La carga del protón (+) y del electrón (-)
- La masa del protón
- La masa del neutrón
- La masa del electrón
- La densidad masa-energía del universo en su origen
- La velocidad de expansión del universo en su origen
- La constante cosmológica que fija la curvatura inicial del universo
- La densidad de masa y energía del universo poco después del *big bang*
- Etc.

¿De dónde salen todos estos números tan exquisitamente precisos? ¿Cómo habría sido el universo si hubieran sido ligeramente distintos? Solo hay dos posibles respuestas: o son fruto del azar o vienen de complejos cálculos de un Dios omnisciente. Estos números constantes son los pilares del universo que hacen posible su existencia y su funcionamiento desde el principio. Si hubieran sido tan solo un poco diferentes, el universo no existiría, ni nosotros estaríamos aquí para hacernos estas preguntas.

Por ejemplo, la gravedad es $G = 6,67418 \times 10^{-11}$ m^3 kg^{-1} s^{-2}, pero si este número fuera 6,67417 o 6,67419, no existiría vida en la Tierra. Y lo mismo ocurre con las otras veinte constantes universales. Este es el principio del ajuste fino del cosmos que tanto ha sorprendido a los astrofísicos. El premio Nobel de física, Paul Dirac, dijo en 1971: "… no sería razonable suponer que la vida pudo comenzar solamente como consecuencia del azar, entonces tiene que haber un Dios".[98]

5. El principio antrópico

El principio antrópico del universo es una pieza clave entre las pruebas de la existencia de un Dios creador. No hay ninguna otra respuesta materialista razonable ante la gran improbabilidad que caracteriza al universo y su funcionamiento. Todo empezó hacia finales del año 1930, cuando un joven físico de la Universidad de Princeton, llamado Robert Dicke tuvo la intuición de que existen "ajustes" misteriosos e impresionantes en el universo. Otros científicos, a lo largo del siglo XX, fueron corroborando esta intuición de Dicke, hasta que en 1988, John D. Barrow –profesor de Matemáticas de Cambridge– y Frank Tipler –también profesor de física-matemática– escribieron el libro: *The Anthropic Cosmological Principle* (El principio antrópico cosmológico).

En esta obra se dice que las condiciones iniciales, en el momento del *big bang*, estaban ajustadas con una precisión alucinante y que nuestra existencia se debe, ni más ni menos, que a un milagro. Una pequeñísima variación en un solo parámetro, entre las numerosas constantes del universo –por ejemplo, un 2 en lugar de un 3, en el enésimo lugar de un número– y el cosmos y la vida nunca hubieran existido. El universo está finamente ajustado para la vida en la Tierra. Tan misterioso resulta este ajuste, que el gran matemático ateo Paul Dirac –premio Nobel de física en 1933– dirá en la revista *Scientific American:* "Se podría tal vez describir la situación diciendo que Dios es un matemático de primer orden, y que utilizó unas matemáticas muy avanzadas para construir el Universo".[99] ¿Qué fue lo que generó en tantos científicos la idea del principio cosmológico antrópico?

1. El efecto tan fino que debió existir al principio para eliminar la antimateria.

Sabemos que materia y antimateria, al ser de cargas distintas, se aniquilan mutuamente. Si la proporción inicial se hubiera mantenido, el universo actual no existiría.

---

98   Kragh, H. S., 1990, *Dirac: A Scientific Biography,* Cambridge University Press.
99   Dirac, P., 2010, *The Evolution of the Physicist's Picture of Nature.* https://www.math.columbia.edu/~woit/wordpress/?p=12341.

2. *Las precisas masas de los electrones, protones y neutrones están ajustadas a la perfección.*

Si hubieran sido ligeramente diferentes, no estaríamos aquí.

3. *La constante cosmológica está increíblemente ajustada con una precisión que lo supera todo.*

Esta constante cosmológica que Einstein había agregado a sus ecuaciones de la relatividad, para mantener la estabilidad y eternidad del universo, y que después reconoció como "el mayor error de su vida", al comprobar que el cosmos estaba en expansión, finalmente sí que existe, pero con un valor ínfimo, del orden de cero, seguido de una coma y de 122 ceros y por último el número 138. Este número es inexplicablemente pequeño. Actualmente nadie sabe explicar de dónde pudo surgir.

4. *El ajuste de las fuerzas nucleares fuerte y débil es también impresionante.*

Algunos científicos no dudan en describir este ajuste como "sobrenatural". En la obra de Bolloré y Bonnassies (*Dios, la Ciencia, las pruebas*) se habla también de:

5. *La improbable síntesis del litio.*
6. *La prodigiosa conservación del berilio.*
7. *El ajuste "mágico" de la fuerza electromagnética.*
8. *El ajuste fino de la anisotropía de la radiación de fondo cósmico.*
9. *La constante de Planck, que regula los niveles de energía de los átomos, y que algunos han llamado la "constante teológica", ya que sin ella la química sería imposible.*
10. *La génesis del carbono y el oxígeno.*
11. *Y la aceleración de la expansión del universo.*

Todo esto conforma el "principio antrópico" y evidencia que el universo no pudo nacer al azar sino que requiere la existencia de un Dios creador.

6. El misterioso origen de la vida

Al ajuste fino cosmológico viene a sumarse también otro ajuste fino de orden biológico. Actualmente nadie sabe cómo pudo surgir la vida de la materia inerte ya que hasta la más simple célula viva (bacteria) es tan compleja o más que una fábrica ultrasofisticada. La idea de que la vida surgió al azar, en un universo que no hubiera sido diseñado previamente para favorecer la aparición de la vida, es imposible de sostener. La única explicación racional posible sería suponer que la vida apareció como resultado de leyes desconocidas que fueron ajustadas de manera muy precisa y que hoy ya no actúan en la naturaleza. Lo que equivale a decir que hay un segundo principio antrópico en el universo, el de lo viviente.

Desde el evolucionismo se supone que debió existir un primer antepasado de todos los seres vivos de este planeta. Aunque no se ha descubierto ningún fósil del mismo, se le ha puesto el nombre de LUCA (Last Universal Common Ancestor = *Último ancestro común universal*). Se trataría supuestamente de un sistema celular complejo, que ya poseería el código genético universal, con ADN/ARN, proteínas y ribosomas. Sin embargo, este principio antrópico de la vida supone un nuevo obstáculo para el materialismo.

La tesis materialista está obligada a creer que el universo no tiene por qué ser particularmente favorable a la aparición de la vida. Y este es un sólido argumento en favor de la tesis de la existencia de un Dios creador.

7. El incomprensible origen de la información biológica (ADN)

La molécula de ADN es el ensamblaje de informaciones más complejo y elaborado que se conoce en el universo. La información que el ADN consigue almacenar en un núcleo de seis milésimas de milímetro de la célula, equivale a un millón de páginas. Es decir, más de 30 veces el tamaño de la *Enciclopedia Británica*. Con esta tecnología de almacenamiento que evidencia el ADN, todos los libros escritos por el ser humano a lo largo de la historia, cabrían en una pequeña cuchara de café. La densidad de información dentro del ADN es 40 mil millones de millones de veces más grande que lo que los científicos logran realizar actualmente. ¿Cómo pudo el azar no dirigido originar esta extraordinaria información que contiene el ADN? Nuestra experiencia es que la "no información" jamás produce "información".

Francis Crick, premio Nobel de química en 1962 por su descubrimiento del ADN, dijo que *una estructura tal como el ADN no puede haber aparecido por azar*.[100] Actualmente, nadie sabe de dónde viene el ADN. Esto sigue siendo un gran enigma.

8. El ajuste fino de las máquinas moleculares y de las reacciones metabólicas de la célula

La información que contiene el ADN pasa al ARN y gracias al código genético, que es como un diccionario traductor, se forman las proteínas. Todas

---

100 Crick, F., 1981, *LifeItself: Its Origin and Nature,* Simon & Schuster, New York, p. 88.

las máquinas moleculares que contiene la célula están formadas por proteínas. Estas son como las letras en 3D del alfabeto de la vida ya que realizan casi todas las funciones celulares. Las proteínas están compuestas a su vez por centenares o miles de unidades químicas, llamadas "aminoácidos". En la naturaleza, hay alrededor de 2000 aminoácidos, la mitad de los cuales están orientados hacia la derecha (dextrógiros) y la otra mitad hacia la izquierda (levógiros). Pero tan solo 22 de estos aminoácidos de izquierda resultan útiles para la vida. En los seres vivos existen unas 80 000 proteínas diferentes, y cada una de ellas se basa en una combinación distinta y específica de estos 22 aminoácidos.

Una de las máquinas moleculares más enigmática, formada por proteínas, es el ribosoma. Se trata de una máquina increíblemente compleja. El ribosoma está formado por 53 proteínas diferentes y 3 polinucleótidos de ARN, que es lo mínimo necesario para que este funcione a la perfección. La función primordial del ribosoma es fabricar proteínas, pero una tercera parte del propio ribosoma está formada precisamente por proteínas. ¿Qué fue primero el huevo o la gallina?, ¿los ribosomas o las proteínas?

Al materialismo que rechaza al Dios creador solo le quedan dos alternativas: decir que todo (el universo y la vida) es el resultado del azar. Lo cual significa creer en algo completamente inverosímil e irracional, o bien decir que hay infinidad de universos (multiverso) y que, por tanto, alguno debía ser como el nuestro. Lo cual es otra manera de rechazar los hechos de la ciencia y optar por la ciencia ficción o por algo que nunca se podrá demostrar.

En cambio, quien acepta la existencia del Dios creador, dispone también de dos posibilidades explicativas: que Dios hizo leyes que permitieron tanto el origen del universo como el de la vida, que actuaron al principio, pero que hoy ya no están funcionando o bien, que no existen dichas leyes y, por tanto, el origen del universo y la vida se deben a la acción concreta del Dios creador, tal como afirma la Biblia.